ココミル **+**
cocomiru

富良野 美瑛
札幌 旭山動物園

すてきな思い出
作りましょ♪

大地と空と自然が織りなす
カラフル花絶景の旅へ

左：ふらのアイスミルク工房のふらのアイスミルク（☞P56）／右：ル・ゴロワ フラノのル・ゴロワ サラダランチ（☞P40）
下左から：新富良野プリンスホテルのニングルテラス（☞P32）／地元食材にオムレツをのせた「富良野オムカレー」（☞P27）／
春から初夏に向けて色とりどりの花々が咲き誇るファーム富田の「春の彩りの畑」（☞P23）

ラベンダーが紫の絨毯のように丘を彩るファーム富田(☞P22)。7月上旬〜下旬が見ごろ

富良野

季節ごとに彩りを変える花々を眺めながら
富良野の風景を楽しみましょう

左：フラノデリスのふらの牛乳プリン(☞P39)／手作りパンのお店 Cazeresのくま食パン(☞P39)
下左から：フレンチオーク材の樽を使用して熟成させる「ふらのワイン」の工場は見学もできる(☞P37)／名作ドラマ『北の国から』のロケ地、五郎の石の家(☞P34)／富良野を空中散歩できる「MPGそらち」のパラグライダー体験(☞P54)

風景画のように色とりどりの花畑が広がる四季彩の丘(☞P46)

美瑛

花模様が美しいパッチワークの丘や
広大な丘陵地が続くパノラマロード…
SNSで注目の青い池にも足をのばそう

美瑛の丘陵地帯
や大雪山連峰が
望める、千代田の
丘展望台(☞P47)

十勝連峰を見渡すかしわ園公園(☞P45)

カラマツ林に囲まれた湖水のブルーが映える、白金 青い池(☞P52)

旭川市旭山動物園

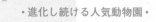

(☞P70)

「行動展示」で出あえる
動物たちのイキイキした姿

迫力あるホッキョク
グマのダイブ

水中トンネルから眺めるとまるで
ペンギンが空を飛んでいるよう

円柱水槽を上へ下へと
遊泳するアザラシ

2021年冬にホ
ッキョクグマの
子どもが誕生

2022年春には
「えぞひぐま館」
が新設！

選ぶのも楽しい！
動物園ならではのおみやげ

左：アイスボックスクッキー ゴマフアザラシ
右：コロロンあざらしくん

あさひやまどうぶ
つえんクリームサ
ンドクッキー

絵本作家あべ弘士さん
グッズの「こっちデニム
トート」

世界で最も美しい庭と称賛された、十勝千年の森（☞P91）

十勝ヒルズ（☞P91）のガーデンでは、ピクニックもおすすめ

十勝

広大な牧草地が広がる酪農王国
点在する美しい庭園をめぐるガーデン街道や
近年は、サウナの聖地として注目度 UP ！

22のゾーンで2500種類もの
花々を鑑賞できる紫竹ガーデン（☞P90）

日本ではここだけ！
十勝まきばの家
（☞P92）のワイン
樽サウナ

モール温泉水を使用した「モウ
リュ」で心地よく発散。森のスパ
リゾート北海道ホテル（☞P92）

北海道のソウルフード・ジンギスカン 松尾ジンギスカン（☞P113）

やはり食べたい本場の味噌ラーメン らあめん 千寿（☞P111）

・絶品グルメの数々に大満足・

札幌

道都・札幌には、北海道の美味しいものが集結。
海の幸からスイーツまで、札幌でグルメを堪能しよう。

札幌のソウルフード・スープカレー マジックスパイス（☞P118）

リーズナブルでボリューム満点の海鮮丼。海鮮食堂 北のグルメ亭（☞P106）

札幌といえばミルクスイーツ！雪印パーラー（☞P117）

全国的に有名なブランドスイーツ 北菓楼 札幌本館（☞P116）

富良野・美瑛ってどんなところ？

ラベンダー畑が点在する富良野
絵画のような丘の風景広がる美瑛

北海道のほぼ中央にあり、「へその町」とも言われる富良野は、圧巻のラベンダー畑のほか、倉本聰氏脚本のドラマ『北の国から』のロケ地としても有名な、北海道を代表する観光地です。美瑛には、丘陵地帯にカラフルな作物の畑が連なり、フォトジェニックな風景を楽しめます。CMなどに登場する名所も多数あります。

同心円状に植えられたカラフルな花模様のぜるぶの丘・亜斗夢の丘（☞P44）

ヒマワリやポピーが咲き誇る美しい花畑、四季彩の丘（☞P46）

おすすめシーズンは？

初夏～夏がトップシーズン
冬も幻想的でおすすめ

観光のトップシーズンは、ラベンダーをはじめとする花々たちが咲く7～8月頃。この時期は花畑周辺の道が混雑するので、余裕をもったスケジュールで巡るのがおすすめです。夏のみならず、美瑛の丘が紅葉で彩られる秋や、幻想的な白銀の世界が広がる冬には、唯一無二の絶景が楽しめます。

山頂から壮観なラベンダー畑と街並みを一望できる北星山ラベンダー園（☞P25）

富良野・美瑛へ旅する前に
知っておきたいこと

初夏のラベンダー畑が美しい富良野と、
フォトジェニックな花畑や丘の風景が感動的な美瑛。
しっかりと予習して、旅の支度を整えましょう。

どうやって行く？

東京からは飛行機で1時間35分 新千歳空港または旭川空港へ

新千歳空港は東京からの発着便が多くて便利。富良野・美瑛までは札幌・旭川を経由して約3〜4時間で行けます。移動時間が少々もったいないという人には、旭川空港に直接行くのもおすすめです。スムーズに旅程をこなせてギリギリまで観光に時間が使えます。

例年6〜9月に運行する期間限定の観光列車「富良野・美瑛ノロッコ号」

動物の行動展示が人気の旭川市旭山動物園（☞P70）

どう回ったらいい？

富良野・美瑛で1泊2日 +1日で旭山動物園、そして札幌も

富良野・美瑛などの花畑や絶景観光、おしゃれなカフェやレストラン巡りで1泊2日。1日プラスして2泊3日であれば旭山動物園（☞P70）まで組み込み、JRを利用して旭川から札幌まで足をのばすことも可能です。

ファーム富田（☞P22）のラベンダー畑

ぜひ見たいのは?

外せないのは
花畑鑑賞と旭山動物園

花畑は広範囲に点在しているので、あらかじめ見たいスポットを3〜4ヵ所絞ってコースを組んで巡りましょう。旭山動物園は、22年4月に新設された「えぞひぐま館」ほか、じっくり見るなら3〜4時間程度は必要です。

紫のラベンダーや白のカスミソウ、ピンクのコマチソウなど7色の花が連なるファーム富田の「彩りの畑」(☞P23)

約15万㎡の花畑はエリア内で最大級、「フラワーランドかみふらの」(☞P24)

富良野3部作の最終章「風のガーデン」(☞P33)。富良野にはロケ地が点在

動物たちの野生に近い姿を目前で観察できる「旭川市旭山動物園」(☞P70)

移動手段はどうする?

現地での移動手段なら
レンタカーが便利

花畑やロケーションのいいカフェなどは市街地から離れており、バスの路線・本数も少ないため効率よく回るにはレンタカーがおすすめです。富良野・美瑛は広いエリアなので、事前に距離感を把握しておくと良いでしょう。車の場合、富良野から美瑛までは45分、旭川空港から美瑛は20分、富良野は1時間で移動できます。

大地の恵みを楽しめるレストランも多数。フェルム ラ・テール美瑛(☞P48)

ステイ先はどこにする?

宿泊地は旅の目的に合わせて セレクトがおすすめ

富良野・美瑛を中心に巡るなら、エリア内のホテルやペンション、旭川拠点で旭山動物園や周辺観光を楽しむなら旭川市内のシティホテルやビジネスホテルを。富良野・美瑛周辺には、十勝岳温泉や白金温泉があり、ひと足のばして絶景と温泉を楽しむのもOK。アクティビティを満喫するなら、星野リゾートトマム(☞P94)へ。

優雅な時間を過ごせる森のリゾート「新富良野プリンスホテル」(⇒P62)

かわいらしい小さな隠れ村「スプウン谷のザワザワ村」(⇒P65)

美瑛選果(⇒P50)では地元野菜を使用したフレンチも味わえる

おみやげは何がいい?

富良野・美瑛のおみやげ探しはフラノマルシェ&美瑛選果へも

富良野・美瑛の2大アンテナショップ「フラノマルシェ」(☞P38)「美瑛選果」(☞P50)には、このエリアならではのおみやげがたくさん揃っています。フラノマルシェには地元銘菓や特産品が並び、美瑛選果には地元野菜のオリジナル加工品が充実しています。

フラノマルシェで手に入る「くま食パン」(⇒P39)

9:00 旭川空港

富良野・美瑛エリアの空の玄関口。周囲は大雪山系をはじめとした眺望に恵まれた空港。ここからレンタカーでSTART!

9:10 セブンスターの木

かつて、タバコ「セブンスター」のパッケージに採用されたカシワの木。広大な丘の上にぽつんとたたずむ(☞P45)。

9:15 シラカバ並木

セブンスターの木のすぐ近くにある美しいシラカバ並木。並木の奥には畑や十勝岳連峰の山並みが広がる(☞P45)。

9:45 北西の丘 展望公園

美瑛の丘を一望できる特徴的な展望台。夏期限定で、駐車場横に観光案内所が開設される(☞P45)。

11:00 ファーム富田

富良野を代表する有名な農園。園内12の花畑では季節ごとに咲き誇るカラフルな花々を鑑賞することができる(☞P22)。

12:30

ランチは
富良野カレー

富良野カレーの先駆けとなった老舗「唯我独尊」。カレールーのおかわりが「ルールルルー」の合言葉で無料になるのもおもしろい(☞P26)。

14:00 カンパーナ六花亭

全国的に有名な北海道ブランド「六花亭」の直営店。富良野産赤エンドウ豆入りで塩味の利いたこし餡が入った「フラノモチ」(☞P59)。

15:00 ふらのワイン工場

広大な畑で栽培されたブドウを使った「ふらのワイン」を製造している。見学無料(☞P37)。

おはよう!

16:30 珈琲 森の時計

ドラマ『優しい時間』のメイン舞台となったカフェ。自分で豆を挽いてコーヒーを飲むことができる(P33)。

18:00 ル・ゴロワ フラノ

北海道産食材にこだわったイタリアンを楽しめる。薪窯で焼き上げる道産肉のおいしさを満喫しよう(☞P29)。

20:00 新富良野プリンス

敷地内にはロケ地にもなったスポットや、レストラン、カフェなどもあるリゾートホテル(☞P32)。

10:00 白金 青い池

まるでブルーの絵の具を溶かしたような美しい水面が、枯れたカラマツと相まって幻想的な雰囲気を醸し出している(☞P52)。

2泊3日で行く
とっておきの富良野・美瑛の旅

人気観光地をギュッと入れ込んだ欲張りプランをご紹介。
雄大な自然を感じたり、地元の食材を堪能したり。
心ゆくまで富良野・美瑛を満喫しよう。

10:10 白ひげの滝

十勝岳連峰の地下水が、まるで"白ひげ"のように溶岩層の隙間から勢いよく流れ落ちる（☞P52）。

11:00 望岳台

標高930mのビュースポット。上富良野盆地や十勝岳など、雄大な自然が手に取るように見える（☞P61）。

12:00 歩人

自家製のハムやソーセージなどを販売しているショップ。レストランも併設（☞P53）。

13:30 四季彩の丘

ヒマワリやポピー、チューリップなど春から秋にかけて咲くかわいらしい花々が咲き誇る花畑。（☞P46）。

3日目

14:30 美瑛選果

JAびえいが手掛ける美瑛産野菜の魅力を発信するアンテナショップ。（☞P50）。

16:00 スプウン谷のザワザワ村

1棟貸しのカントリー・コテージ。夕食も丁寧でおいしいと評判（☞P65）。

10:00 旭川市旭山動物園

動物の行動がよくわかる展示で人気の動物園。じっくり動物を観察（☞P70）。

12:00 旭川らぅめん青葉本店

旭川名物といえば、豚骨＆魚介スープのラーメン。老舗で本場の一杯を味わおう（☞P74）。

13:00 旭川駅

旭川から札幌へは特急カムイ・ライラックで約1時間25分（☞P68）。

14:30 札幌駅

道都・札幌。新幹線の札幌延伸が決定し、駅周辺も変化していくワクワク感でいっぱい（☞P98）。

15:00 INITIAL

スイーツバーで、味はもちろん盛り付けもこだわりたっぷりの"締めパフェ"を（☞P119）。

18:00 新千歳空港

札幌からはJR快速エアポートで約38分。空港で最後のおみやげ選び（☞P122）。

日程に余裕があればぜひ！

3泊4日なら札幌もゆっくり満喫できます

札幌のおいしいものを満喫

ジンギスカンや海鮮丼、道産スイーツなど、札幌の王道グルメを（☞P112）。

札幌駅チカで定番スポットをおさんぽ

札幌らしい風景の時計台へ（☞P100）。そこから赤レンガテラスや大通公園へ。

13

ココミル
cocomiru

富良野 美瑛
札幌 旭山動物園

Contents

花畑の絶景、地元グルメ、ロケ地探訪。みどころいっぱいの富良野・美瑛へ …16

●表紙写真
ファーム富田のラベンダーソフトクリーム(P23)、富良野メロン(P41)、ぜるぶの丘(P44)、唯我独尊の富良野カレー (P26)、旭川市旭山動物園(P70)、新栄の丘展望台の麦稈ロール(P47)、あるうのぱいん(P49)
白金 青い池(P52)、札幌市時計台(P100)、北菓楼 札幌本館(P116)

〈マーク〉
- 観光みどころ・寺社
- プレイスポット
- レストラン・食事処
- 居酒屋・BAR
- カフェ・喫茶
- みやげ店・ショップ
- 宿泊施設
- 立ち寄り湯

〈DATAマーク〉
- ☎ 電話番号
- 住 住所
- ¥ 料金
- 開館・営業時間
- 休 休み
- 交 交通
- P 駐車場
- 室 室数
- MAP 地図位置

色とりどりの花たちが咲き誇るかんのファーム

ラベンダー畑が広がる富田ファーム

フェルム ラ・テール 美瑛

フラワーランドかみふらのの観光トラクター

カラフルな花畑が続く四季彩の丘

フォトジェニックなフラワーランドかみふらの

森に囲まれたカフェ ノラ／野良窯

牧歌的な風景が広がる三愛の丘展望公園

花畑の絶景、地元グルメ、ロケ地探訪。
見どころいっぱいの富良野・美瑛へ

可憐な花々たちが咲き誇る花畑に、ドラマのロケ地など、フォトジェニックな風景が広がる富良野・美瑛。まさに北海道を代表する観光スポットです。地元の食材をふんだんに使ったグルメも、お見逃しなく。

大な自然が間近に。美瑛町白金牧場

る人を魅了する美瑛ブルー「白金　青い池」

富良野・美瑛・旭川ってこんなところ

エリアごとに魅力いっぱいの富良野・美瑛・旭川。
プランを立てて北海道の大自然を、満喫しましょう。

観光の見どころは4エリア

ラベンダー畑やドラマ・CMのロケ地として有名な富良野、一大
農作地で北海道らしい雄大な穀物畑が広がる丘の町・美瑛、北
海道第2の都市であり、人気スポットの旭山動物園がある旭川、
高原に広がる庭園ほか渓谷美が楽しめる層雲峡・大雪山エリア
の4エリア。レンタカーやJR、バスなどを利用して、道内屈指のリ
ゾート「星野リゾート トマム」や十勝エリアへのアクセスも可能。
富良野・美瑛は見どころが点在しているので、レンタカーでめぐ
るのがおすすめ。旭川は公共交通機関が充実しているため、道
都・札幌からアクセスしやすい。

観光前に情報を集めよう

色とりどりの花畑が美しい富良野・美瑛観光では、花の開
花情報を事前にチェックするのが肝心。また夏期運行の
観光に便利な周遊バスなどの情報も忘れずに確認を。

問合せ 旭川観光物産情報センター ☎0166-26-6665
問合せ 美瑛町観光協会 ☎0166-92-4378
問合せ ふらの観光協会 ☎0167-23-3388

ふらの
富良野 ①

・・・P20

ファーム富田などの花畑を含め、倉
本聰氏脚本のドラマ『北の国から』
のロケ地が点在する有名観光地。

▲北海道の初夏を告げる
ラベンダーの花々は圧巻

あさひかわ
旭川 ③

・・・P68

北海道第2の都市。旭川市旭山
動物園や上野ファームなど見ど
ころも多く、旭川ラーメンなど名
物グルメも。

▲動物たちがイキイキと見える
行動展示が魅力の旭山動物園

アクセスをCheck

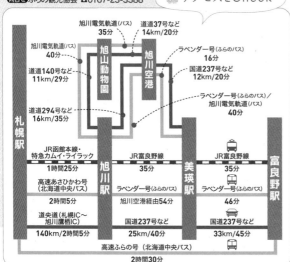

旭川電気軌道(バス) 35分 ／ 道道37号など 14km/20分

旭川電気軌道(バス) 40分

道道140号など 11km/29分

ラベンダー号(ふらのバス) 16分

国道237号など 12km/20分

ラベンダー号(ふらのバス)／旭川電気軌道(バス) 40分

道道294号など 16km/35分

札幌駅	旭川駅	美瑛駅	富良野駅
JR函館本線・特急カムイ・ライラック 1時間25分	JR富良野線 35分	JR富良野線 35分	
高速あさひかわ号(北海道中央バス) 2時間5分	ラベンダー号(ふらのバス) 旭川空港経由54分	ラベンダー号(ふらのバス) 46分	
道央道(札幌IC～旭川鷹栖IC) 140km/2時間5分	国道237号など 25km/40分	国道237号など 33km/45分	

高速ふらの号(北海道中央バス) 2時間30分

便利なバス
ラベンダー号(ふらのバス)

富良野市内の主要ホテルからJR富良野駅、旭
川空港を経由してJR旭川駅まで行くバス。途中
中富良野や美瑛を経由。富良野駅前⇔美瑛駅
前650円、富良野駅前⇔旭川空港790円、富良野駅
前⇔旭川駅前900
円ほか

問合せ ふらのバス
ターミナル駅前案内
所 ☎0167-22-1911

JR宗谷本線
川北IC
比布

当麻

40 39

JR富良野線

・旭川市旭山動物園

③ **旭川**

旭川空港
千代ヶ岡
北美瑛

452

美馬牛
・三愛の丘
　展望公園

237

② **美瑛**

・白金 青い池

上富良野

滝里湖

中富良野

空知川

① **富良野**

布部

山部

金山

かなやま湖 JR根室本線

38

幾寅

落合

JR石勝線

占冠

占冠IC

237

274

トマム

至札幌

237

JR石北本線 333

273

層雲峡

39 39

④ **大雪山・層雲峡**

242

大雪山

天人峡

忠別湖

三国峠

273

鱒平湖

然別湖

東大雪湖

273

足寄IC

241

274

241

本別JCT

242

本別IC

274

新得

十勝清水

トマムIC

十勝清水IC

芽室IC

帯広JCT

音更帯広IC

道東自動車道

池田IC

芽室帯広IC

帯広

池田

芽室

札内

浦幌

38

帯広・広尾
自動車道

札内川

帯広空港

236

336

N

20km

びえい
美瑛 ②
・・・P42

丘陵地帯にカラフルな作物
の畑が連なり絵画のような
風景が広がる。CMなどにも
使われた名所も多数。ドライ
ブやサイクリングがおすすめ。

▲丘陵地帯に幾層にも
連なる花畑の風景

たいせつざん・そううんきょう
④ 大雪山・層雲峡
・・・P82

高原に広がる花畑「大雪 森
のガーデン」ほか、層雲峡に
は渓谷美が楽しめる絶景スポ
ットが充実。道内有数の紅葉
名所としても有名。

▶切り立った断崖が生み
出す絶景を楽しめる

美遊バス 🚌

美瑛の観光スポットをめぐる周遊バ
ス。季節によりコースが変わる。美瑛
駅近くの観光案内所「四季の情報館」
でチケット購入できるほか、インターネ
ット予約も
可能。

問合せ 美瑛
町観光協会
☎0166-
92-4378

🌸 札幌
道都・札幌への
アクセスも便利！

富良野・美瑛観光のあとに、札
幌へのアクセスを考えているの
なら、車またはJR利用がおすす
めです。
高速道路を利用するなら、三笠
ICまたは滝川IC経由で、JRで
あれば、富良野駅から滝川駅で
乗り換えて札幌駅へ。

これしよう！
紫の絨毯に囲まれて
深呼吸しよう！
ラベンダーをはじめ、四季折々のカラフルな花が咲き誇る「ファーム富田」。ラベンダーは7月中旬〜下旬に見頃を迎える（☞P22）。

これしよう！
絶景の観光リフトで
空中散歩！
冬はスキー場として賑わう北星山が夏季限定で観光花園に。山頂まではリフトで、約5分の空中散歩を楽しめる（☞P25）。

これしよう！
丘の上から花畑と
十勝岳を眺めよう！
国道237号沿いの美馬牛峠に広がる「かんのファーム」。頂上からは十勝岳連峰などの雄大な景観を一望できる。（☞P25）。

美しい花畑を巡る旅
富良野
ふらの

こんなところ

北海道のほぼ中央にあり、「へその町」ともよばれる。広大な大地に、ラベンダー畑や観光花畑、ドラマ『北の国から』のロケ地などが点在。地元食材を使ったグルメやおみやげも豊富。

access
●新千歳空港から
【JR】快速エアポートで札幌駅まで38分⇒特急カムイ・ライラックで滝川駅まで52分⇒各駅停車で富良野駅まで1時間5分
●旭川空港から
【バス】ラベンダー号（ふらのバス）で富良野駅まで1時間2分

問合せ☎0167-23-3388
ふらの観光協会
広域MAP付録 裏6D7〜G10

～富良野 はやわかりMAP～

三愛の丘展望公園

瑠辺蘂山

452

美馬牛

966

1 かんのファーム
（☞P24）

824

**2 フラワーランド
かみふらの**
（☞P24）

美瑛町

上芦別

237

70

353

白金 青い池

白金 白金野鳥の森

美瑛町営
白金牧場

野花南

那英山

38

滝里湖

上富良野町

291

・白金
いこいの森林

上富良野

上富良野町役場

966

吹上温泉

3 ファーム富田
（☞P22）

JR富良野線

西中

ラベンダー畑

中富良野

十勝岳

富良野岳

JR根室本線

芦別市

鹿討

**富良野のおいしいもの
が手に入る**

農業が盛んな富良野な
らではの、おいしいグル
メやおみやげが集結する
ショッピングスポット「フ
ラノマルシェ」（☞P38）

4 北星山ラベンダー園
（☞P25）

学田

中富良野町

北の峰IC

135

富良野市役所

富良野

富良野IC

フラノ・マルシェ
（☞P38）

富良野GC

大麓山

新富良野プリンスホテル
（☞P32）

そば畑川

布部

**あの名作のロケ地を
目の当たりに！**

市内のあちこちで富
良野を舞台にした名
作ドラマの跡を見学
できる

布部IC

五郎の石の家
（☞P34）

山部

N

0　　　　5km

東山やなぎ

38

**観光のヒント
富良野駅を拠点に
巡ると3時間**

富良野駅を拠点として郊外の花
畑を巡り、市街地に戻ってくるの
が効率的。

富良野

**おすすめコースは
花人街道満喫プラン**

**美馬牛駅から富良野の
主要な花畑を巡り3時間**

美馬牛駅からスタートして、南下
するように花畑を巡る「花人街
道」満喫プラン。走行距離は約
25キロ、花畑鑑賞時間を入れる
と約3時間のドライブに。

スタート
JR美馬牛駅

約1.8km／約5分

1 かんのファーム

約3.8km／約5分

2 フラワーランドかみふらの

約9.3km／約14分

3 ファーム富田

約1km／約2分

4 北星山ラベンダー園

約0.1km／約1分

ゴール
JR富良野駅

どこまでも広がる紫の絨毯
ファーム富田で楽しむ花絶景

富良野観光の代名詞ともいえるラベンダー畑めぐり。その中でも、最大級の広さを誇るファーム富田。可憐に咲き誇るラベンダーと季節ごとの表情をみせる花々に、心揺さぶられるはず。

とらでぃしょなるらべんだーばたけ
❶ トラディショナルラベンダー畑

開園当初からある園内で最も古い花畑。丘の上から眺めると斜面を埋め尽くすラベンダーの絨毯が望める。
見頃●6月下旬～8月上旬

ふぁーむとみた
ファーム富田

**富良野で最大級の広さを誇る
農園でラベンダーを満喫**

12もの広大な花畑があり、季節ごとに色とりどりの花を鑑賞できる。併設のラベンダー蒸留所の見学や、ショップではラベンダーグッズのおみやげ購入もおすすめ。

☎0167-39-3939 🏠中富良野町基線北15号 💴入場無料
🕐8時30分～18時（季節・園内施設により変動あり）休無休（園内施設により変動あり）🚉JR旭川駅からJR富良野線で57分、JR中富良野駅下車、車で5分（夏期のみ臨時停車するJRラベンダー畑駅から徒歩7分）🅿周辺の公共駐車場利用500台
🅼🅰🅿P138B2 ※各花畑の花は年により変更になる場合あり

こんな
ラベンダーが
咲いてます

❶ようてい／早咲きで花色は赤みを帯びた紫。化粧品の香料に使用される。見頃●7月上～中旬
❷おかむらさき／茎も穂先も長く美しい。7分咲き頃から美しく色はやや淡い。見頃●7月上～下旬
❸はなもいわ／爽やかな香りでごく淡い紫色で、可憐な印象。見頃●7月中～下旬

② 春の彩りの畑
<small>はるのいろどりのはたけ</small>

ラベンダーが咲く前の時期に、チャイブやアジュガ、アイスランドポピーなどの宿根草が競うように咲き乱れる。
見頃●春から初夏まで

▲春の訪れをいち早く知らせてくれる

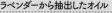

ラベンダーから抽出したオイル

ファーム内で栽培した「濃紫早咲」から抽出したラベンダーオイルでやわらかな香りが特徴。3mℓ990円。他4品種のオイルや大容量サイズも販売。

③ 彩りの畑
<small>いろどりのはたけ</small>

紫のラベンダー、ピンクのコマチソウ、白のカスミソウなど7色の花が斜面に連なり、まるで虹のように美しい。
見頃●7月中～下旬

◀ファーム富田の代表的な畑

▲初秋まで花畑を楽しめる

④ 秋の彩りの畑
<small>あきのいろどりのはたけ</small>

主にトレニアやベゴニア、マリーゴールドなどが植えられており、園内で最も遅い10月上旬まで花畑を楽しめる。
見頃●7月上旬～10月上旬

> ① トラディショナルラベンダー畑
> ④ 秋の彩りの畑
> ③ 彩りの畑
> ② 春の彩りの畑
> ⑤ 倖の畑

⑤ 倖の畑
<small>さきわいのはたけ</small>

濃紫早咲、ようてい、おかむらさき、はなもいわの4種のラベンダーが織り成す紫のグラデーションが美しい。
見頃●6月下旬～8月上旬

▲4種類のラベンダーのグラデーションが素敵

<small>らべんだーいーすと</small>
ラベンダーイースト

面積は日本最大級！期間限定開放の貴重なラベンダー畑

ラベンダーオイル用のラベンダーを栽培しているラベンダー畑。「ファーム富田」から約4kmほど離れた場所にあり、花畑としては日本最大級の約14万㎡。開花期間の7月限定で一般開放している。

☎0167-39-3939 🏠上富良野町東6線北16号 ¥入場無料 🕘9時～16時30分（変動あり）🈺期間中無休（8月～翌6月は休園）🚉JR中富良野駅から車で10分 🅿72台 ⓂⒶⓅP138B2

▲やさしい香りのラベンダーオイルの原料となるラベンダーを広大な敷地で栽培

> **ファーム富田でおいしくグルメ**

ラベンダーソフトクリーム
さっぱりとした味わい300円

季節の野菜カレー
富良野産の米・ななつぼしや旬の道産野菜を使用したスパイシーなカレー600円

📖 シーズン中はショップやカフェが混雑するので、人が少ない早朝の見学がおすすめ。

ここにも素敵な花々咲いてます！
富良野で楽しむ花畑

旭川～占冠間の約100キロは多くの花畑が点在する「花人街道」とよばれています。
その中でも富良野エリアでは美しくダイナミックな花と大自然を満喫できます。

花畑をめぐる
富良野ショートコース

「花人街道」は旭川～占冠間の約100キロの広範囲に花畑が点在するエリアのこと。全スポットに立ち寄ろうとすれば丸一日かかってしまいます。おすすめの楽しみ方は立ち寄る花畑を2～3に絞って車で移動すること。また、花が咲き誇るシーズンは渋滞が予想されるので、時間に余裕を持って出かけよう。

上富良野町

かんのふぁーむ
① かんのファーム

丘の上から花畑と
十勝岳を望む

国道237号線沿いの美馬牛峠に広がる花畑。ラベンダーなどの花や野菜の苗の販売もしている。

▲丘肌にはカラフルな花々が咲く

☎0167-45-9528 🏠上富良野町西12線北36号美馬牛峠 💴入場無料 🕐9～17時 🈺期間中無休 (10月中旬～6月上旬は休園) 🚉JR美馬牛駅から車で5分 🅿100台 **MAP**P139B3

上富良野町

ふらわーらんどかみふらの
② フラワーランド
かみふらの

50種もの四季折々の花々が
植えられた広大な花畑

丘の上を約50種類の花々が埋め尽くすように咲き誇る花畑の施設。丘の上からは上富良野町が一望できたり、丘の向こうには雄大な十勝連峰が望めたりなど大自然を感じられる。園内を巡る「遊覧トラクターバス」やラベンダーポプリの枕作りなどの「味覚&手づくり体験」も人気 (いずれも有料)。

☎0167-45-9480 🏠上富良野町西5線北27号 💴入場無料 🕐9～18時(季節より変動あり) 🈺期間中無休 (12～2月は休園) 🚉JR上富良野駅から車で8分 🅿100台 **MAP**P138B1

1約15万㎡の花畑はエリア内で最大規模 2トラクターバスで園内をゆっくり散策

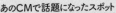

あのCMで話題になったスポット

嵐が登場した航空会社のCMで知られる「五本の木」。上富良野町と美瑛町の境界線上の丘に立っており、かんのファームの敷地内からその姿が見られる。

中富良野町

ふぁーむとみた

③ ファーム富田

DATA→P22

富良野 ● まだまだある! 素敵な富良野の花畑

中富良野町

ほくせいやまらべんだーえん

④ 北星山ラベンダー園

山頂付近から望む壮観なラベンダー畑の大パノラマ

冬はスキー場として人気の北星山が、夏は観光花園に変わる。スキー場ならではの約3.7万㎡の広い斜面をラベンダーやマリーゴールドなどが色鮮やかに咲く。山頂までの行き帰りはリフトを利用できるので爽快な空中散歩を満喫できる。

☎0167-39-3033 住中富良野町宮町1-41 ¥リフト往復400円(ラベンダー園は入園無料) 時9〜17時 (リフト上り最終16時40分) 休期間中無休、但し天候により中止する場合あり(6月下旬〜8月中旬) 交JR中富良野駅から徒歩10分 P50台 MAP P138B2

1北星山の斜面を埋め尽くす花々
2リフトから斜面に広がるラベンダー畑を一望できる

◀四季折々の花々で癒やされる公園

中富良野町

なかふらのふらわーぱーく

⑤ なかふらのフラワーパーク

「北星山ラベンダー園」隣接の花を愛でられる公園

中富良野町の開基100年を記念して1995年に造られた公園。園内に植えられている花々は種類豊富。春には町木のこぶしや桜なども咲くので、春から秋まで花や植物を楽しめる。観光スポットではあるが町民の憩いの場としても親しまれている。観光シーズンには噴水も楽しめる。

☎0167-44-2133 住中富良野町宮町2-1 ¥入場無料 時8時30分〜17時 休期間中無休 (11〜4月は休園) 交JR中富良野駅から車で5分 P50台 MAP P138B2

📖 車を停止する場合は安全な場所へ。誘導がある場合は速やかに移動をしましょう。

ここでしか味わえない唯一無二の味
ご当地・富良野カレー&オムカレー

一大野菜産地の富良野・美瑛エリア。特に富良野はタマネギやジャガイモ、ニンジンが豊富。
そんな地元の食材をふんだんに使ったご当地カレーをいただきましょう！

富良野カレー・オムカレーって!?

富良野のグルメの代表格で富良野産の野菜をふんだんに使ったカレーです。最近ではオムレツをのせた「富良野オムカレー」も人気。「富良野オムカレー」には、富良野産米を使う、中央に旗をたてる、

富良野産のチーズ（バター）もしくはワインを使用する、「ふらの牛乳」もしくは富良野産ニンジンジュースをつける、料金は税抜き1000円以内で提供する、などが義務付けられています。

存在感たっぷりの自家製ソーセージと地元野菜がたっぷりのった看板メニュー

おいしさのヒミツ 1
こだわりの有機栽培野菜
ほとんどが地元もしくは富良野近辺のものを使用。旬の季節野菜を使うので季節によって具材が変わる。

おいしさのヒミツ 2
ボリューム感のある自家製ソーセージ
北海道産ポークを桜のチップで長時間スモークしたソーセージ。

おいしさのヒミツ 3
お米も美味しい！100%富良野産
野菜やお肉だけでなくお米も地元・富良野産というこだわりぶり。サフランライスは、契約農家から直接仕入れている。

おいしさのヒミツ 4
研究を重ね手間ひまかけて作られたルー
富良野産のタマネギやニンジンを3日間かけて炒め、約30種類のスパイスなどを加えてさらに煮込むという手のかけよう。

自家製ソーセージ付きカレー　1180円
存在感たっぷりの自家製燻製ソーセージと地元産野菜がたっぷりのった看板メニュー。

ゆいがどくそん
唯我独尊

昭和49年(1974)創業の、富良野カレーの先駆けとなった老舗。長年研究を重ねた独特なスパイシーな味は、病みつき必至で夏の観光シーズンには、その味を求めて長蛇の列になることもある。カレールーのおかわりは無料で、「ルールルルー」の合言葉でいただくのもおもしろい。

☎0167-23-4784 住富良野市日の出町11-8 ⊙11時～20時30分LO 休月曜(祝日の場合は翌日) 交JR富良野駅から徒歩5分 P10台 MAP P138A1

レトルトでも大人気！

JAふらの管内で採れた玉ねぎをじっくり炒めて、旨みを引き出したJAふらののオリジナルレトルトカレー。スパイスの香りと具材の旨みが調和した本格的でキレのある辛さのカレーに仕上げている。
JAふらの楽天市場で販売
https://www.rakuten.co.jp/ja-furano/

ここでしか
食べられない
オリジナルの
「ホエーカレー」

くまげら
くまげら

伝説のドラマ『北の国から』(DATA☞P34)でも何度も登場している有名な老舗店。ふらの和牛やエゾシカなど地元食材を使った創作料理が人気。オリジナルの「ホエーカレー」は一食の価値あり。

☎0167-39-2345 🏠富良野市日の出町3-22 🕐11時30分～21時LO 🈺水曜 🚃JR富良野駅から徒歩3分 🅿40台 **MAP**P138A1

オムカレー（ホエー）　1250円
チーズ豆腐作りの際に分離される液、高タンパクの「ホエー」をカレーベースにしたカレー。

てっぱん・おこのみやき まさや
てっぱん・お好み焼 まさ屋

鉄板焼きとお好み焼きの店でありながら「富良野オムカレー」も提供する店。ここの「富良野オムカレー」は鉄板の上で作るという、ここならではの調理法。調理風景も楽しめる。

☎0167-23-4464 🏠富良野市日の出町11-15 🕐11時30分～14時30分LO、17時～21時30分LO 🈺木曜 🚃JR富良野駅か徒歩5分 🅿8台 **MAP**P138A1

鉄板で
調理される
アツアツの
オムカレー

富良野オムカレー 1210円
カレールーは甘辛で子どもにも人気。トッピングは上富良野産の豚トロがおすすめ。バター醤油ライスととろとろ卵、コクのあるカレーが絶妙な味。

さくら卵を使った
オムライスも美味しい
オムカレー

富良野オムカレー　1100円
富良野バターライスと「さくら卵」のふわとろオムライスを無添加カレーソースにのせた絶品メニュー。道内産の蒸し野菜付き。

れすとらん のるどう
レストラン ノルドゥ

チーズフォンデュが人気のレストランで手造りワイン工房も併設。「富良野オムカレー」も人気で富良野産の野菜や卵が使用されている。不定休なので電話で確認してからの来店がおすすめ。

☎0167-23-6565（リゾートインノースカントリー）🏠富良野市下御料リゾートインノースカントリー内 🕐11時～14時30分LO、18～21時LO 🈺不定休（来店前に要問合せ）🚃JR富良野駅から車で10分 🅿40台 **MAP**P138A3

📖「富良野オムカレー推進協議会」発行の提供店マップには、6か条のルールを順守する店舗の紹介があり、観光センター等で配布しています。

大地の恵みをまるごといただきます！
地元食材がおいしいレストラン

富良野でとれる新鮮野菜を味わいたいなら、地元野菜をふんだんに使ったレストランへ。
香り豊かな大地のめぐみを存分に楽しんでください。

上富良野町

しょく・しゅく うっでぃ・らいふ
食・宿 ウッディ・ライフ

地場産食材の料理を提供するレストラン。
北海道庁認定の「北のめぐみ愛食レスト
ラン」にも選ばれたことがある折り紙付き。
本格ログハウス造りの店内も魅力。

☎0167-45-6810 🏠上富良野町西9線北34
号 深山峠、深山峠ラベンダー園隣 🕐11時〜14
時30分LO 🈳不定休 🚉JR美馬牛駅か車で3分
🅿30台 MAP P139B3

こんな食材を
使っています！

▲やわらかい木の温もりに癒
される店内

タマネギ
北海道での生産量が全国
の約6割を占め、さらに富良
野は全道で2番目の出荷量
を誇る。

元祖薬膳黒野菜カレー
（サラダ付き）1800円
地元産の食材と33種類のスパイスを2日間煮
込んで作ったメニュー。前日までに要予約。

中富良野町

ぺんしょんあんどれすとらんら こりーな
Pension & Restaurant
La Collina

地産地消で提供するイタリアンレストラン。
シェフが生産者から直接仕入れ、その日採
れた食材の料理をいただける。ペンションが
併設されているので宿泊も可能。

☎0167-44-3957 🏠中富良野町鹿討農場 🕐11
時30分〜14時30分LO、18時30分〜20時30分LO
（※ディナーは要予約）🈳無休（火・水曜のランチのみ
休み）🚉JR中富良野駅から車で6分 🅿8台【ペンシ
ョン】¥1泊2食付き1万円〜 🕐IN15時／OUT10時
MAP P138A2

ふらの和牛スネ煮込み
1550円
ふらの牛のスネ肉と香味野菜を一緒に煮込ん
だ一品。肉も野菜もとてもやわらかく仕上げら
れており、ホッとできるやさしい味わいに。

ニンジン
北海道での生産量が全国
の約3割を占める。香りも味
も濃く甘みもある。

こんな食材を
使っています！

▲窓からは富良野の山々や市
街を望むことができる

富良野の新鮮野菜はココで「フラノマルシェ1&2」

JAふらのが運営するマルシェ内の「HOGAR（おがーる）」や地元農家の野菜が並ぶマルシェ2の「彩り菜」で富良野産の季節の野菜が手に入る。
DATA☞P38

上富良野町

かんとりーきっちん しっとhere

カントリーキッチン シットココ

地元食材をたっぷり使い、地産地消にこだわった田園レストラン。提供する料理はどれも新鮮な旬の野菜が色鮮やかに並ぶ。吹き抜けのある開放的な店内もくつろげる。

☎0167-45-6627 🏠上富良野町東7線北18号 🕐11〜15時 ㊡火曜 🚗JR中富良野駅から車で9分 🅿10台 MAP P138B2

こんな食材を
使っています！

かみふらのポークランチ
1400円

地元産の野菜も一緒に味わえるかみふらのポークをふんわりと焼き上げて作った、野菜もたっぷりのヘルシーランチ。

かみふらのポーク

上富良野町で一貫生産している銘柄豚肉。飼料などにもこだわり甘い脂身と締まったやわらかい肉質が特徴。

▲吹き抜けのある開放的な空間で食事が楽しめる

上富良野町

る・ごろわ ふらの

ル・ゴロワ フラノ

東京・表参道にあったレストランのル・ゴロワが2018年、北海道産食材にこだわったイタリアンとして富良野に移転。倉本聰氏がロゴやメニューを監修。

☎0167-22-1123 🏠富良野市中御料 🕐12時〜13時30分LO、17時30分〜19時30分LO ㊡月・火曜（11月は不定休）🚗JR富良野駅から車で10分 🅿390台（新富良野プリンスホテル駐車場を利用、新富良野プリンスホテルから徒歩3分）MAP P138A3

▲爽やかな草原に癒やされながらいただくイタリアンは絶品

こんな食材を
使っています！

ジャガイモ

ホクホクした甘みが特徴。春は雪室で寝かせた越冬ジャガイモが食べられる。

ランチコース
3900円〜

ランチコースのメインデッシュのひとつである白糠産エゾ鹿もも肉のソテー。味わい深い旨みがたっぷり詰まった大満足のコース。

📖 富良野の野菜がおいしいのは、内陸性の気候で昼夜の寒暖差が激しいため。厳しい自然環境がおいしい野菜を生み出しています。

緑にかこまれたカフェで、のんびり過ごす富良野

富良野の美しい自然を眺めながらのんびりと過ごせるスロウカフェ。
地元食材をふんだんに使ったメニューを味わいながら、くつろぎの時間を過ごして。

おすすめ
ランチ

JR富良野駅から
車で約**15**分

ゴリョウサンド 1200円
パンは道産小麦を使った自家製のチャバタで、具材は厳選した旬の食材を挟んでいる。

かふぇごりょう
cafeゴリョウ

森にたたずむカフェでやさしい時間を

古い納屋を改装した独特の風情のあるカフェ。世界を旅したオーナー夫妻が提供するのは自家製パンや自家菜園で栽培した無農薬野菜などを使った料理。各国で味わった料理をできる限り再現している。

☎0167-23-5139 🏠富良野市上御料 🕚11時30分～17時30分LO 🈺火・水曜 🚗JR富良野駅から車で15分 🅿10台 MAP P138A4

▲緑いっぱいののどかな空間にたたずむ赤い屋根のカフェ
▶築80年の納屋だった建物を利用した趣きのある店内

JR富良野駅から
車で約**5**分

おすすめ
スイーツ

**ノラスイーツセット
820円**
季節ごとに変わる4種のオリジナルスイーツとドリンクのセット。

かふぇのら／のらがま
カフェ ノラ／野良窯

十勝岳連峰が望めるのどかなカフェ

陶芸工房が併設されたギャラリーカフェ。古民家を改装した店内にはノスタルジーな空気が流れ、地元食材を使った料理やデザートが、陶芸家の主人が焼いた器で提供されるのも何ともアットホーム。

☎0167-22-8929 🏠富良野市下五区 🕘9～18時（曜日、季節により変動あり）🈺水・木曜（11～3月は休業）🚗JR富良野駅から車で5分 🅿10台 MAP P138A3

▲ふらっと1人で立ち寄っても落ち着ける小さなテーブル席もある。
◀大きな窓からタマネギ畑と雄大な十勝岳連峰が望める

ゲストハウスも併設

cafeゴリョウは隣に宿泊施設のゲストハウス「ゴリョウゲストハウス」を併設。滞在中は好きな本を読んだり、カフェで食事したり、キッチンで料理を作ったりなど過ごし方や楽しみ方は自由。暮らすように楽しむ旅のスタイルをぜひ。

富良野 ● 緑にかこまれたカフェ

べあーずきっちん
Bears Kitchen
絵本から飛び出したような
ロケーション

オーナー夫婦が廃材を集めて2年かけて建てた手づくりレストラン。自家栽培や近隣農家から直接仕入れる有機・無農薬野菜で作る料理は安心でヘルシー。絵本の中のような外観にも魅了される。

☎0167-29-2002 🏠富良野市字中礼別 🕐11〜17時 🈺不定休 🚃JR富良野駅から車で25分 🅿10台 MAP P138C3

▲不揃いなテーブルやイスも手づくりの味わいを感じる
▶爽やかなデッキは夏の人気席。時が止まったようにのんびり過ごせる

JR富良野駅から
車で約25分

おすすめランチ

クリスピースキン
レモンチキン 1250円
さっぱりとしたレモンの酸味の利いた食欲をそそるチキン料理。

JR富良野駅から
車で約15分

おすすめスイーツ

「ダッチベイビー
パンケーキ」
900円〜
パエリアパンでフワフワに焼き上げるパンケーキはダイナミック。

はるかふぇ
haluCAFÉ
富良野盆地を見渡せる高台のカフェ

富良野市の郊外、見晴らしのいい高台に建つ好ロケーションのカフェ。山々や畑が見渡せる丘の上で提供されるのは、ふらの和牛や近隣で採れた旬の野菜を使った料理。自然の恵みを存分に感じられる。

☎0167-22-1266 🏠富良野市西学田二区 🕐10〜16時LO 🈺月・火曜 🚃JR富良野駅から車で10分 🅿7台 MAP P138A2

▲富良野盆地やブドウ畑を眺めながら心穏やかにゆったり過ごせる
◀「ふらの和牛のラグーソースパスタ」1800円はここの人気メニュー

📖 一年を通して人気のある観光エリア。中心部以外の郊外でも多くの人や車が行き交うため、マナーを守って安全に楽しみましょう。

緑いっぱい！新富良野プリンスホテルで過ごす癒やしのフラノ時間

富良野を代表するリゾートホテル。レストランやショップ、温泉を備え、各種アクティビティメニューも豊富。「富良野三部作」（☞P34）のロケ地としても有名。ゆっくりと流れる時間を楽しもう。

1 伝統的な手工芸品の展示と販売を行っている「ニングルテラス」 2 富良野の大自然を遊び尽くすアクティビティが豊富 3 温泉棟2階にある「紫彩の湯（しさいのゆ）」。天然温泉のなめらかな湯が旅の疲れを癒やしてくれる

しんふらのぷりんすほてる
新富良野プリンスホテル

ロケ地めぐりが楽しいリゾートホテル

雄大な大自然に囲まれ、温泉やショップ、レストランなどもあり快適に過ごせるホテル。富良野・美瑛エリア観光の拠点にでき、敷地内には「風のガーデン」やショッピングエリアの「ニングルテラス」、「富良野・ドラマ館」などの観光スポットや、カフェ「珈琲 森の時計」などもあるのでここいるだけでも、富良野ドラマの世界観を充分満喫できる。冬期は、スキー場からのアクセスも抜群。

☎0167-22-1111 🏠富良野市中御料 🚃JR富良野駅から車で10分 ¥1泊朝食付8,588円～（1室3名利用時）、大浴場「紫彩の湯」800円（入浴料を含む宿泊プランあり）、日帰り入浴1,540円（13時～23時30分最終受付）🕐IN15時 OUT11時 🈳無休（メンテナンス等による休みあり）🅿390台 MAP P138A3

（地図）
風のガーデン
富良野ロープウェー
新富良野プリンスホテル
富良野温泉「紫彩の湯」
ツリーアドベンチャー富良野
富良野ドラマ館
熱気球体験フライト（☞P54）
パークゴルフ
ル・ゴロワ フラノ
セグウェイ
🅿第1駐車場
ニングルテラス
珈琲 森の時計
Soh's BAR
🅿第2駐車場

倉本聰氏のドラマ関連グッズを販売

昭和17年頃の富良野駅開業当時を再現した店舗「富良野ドラマ館」。倉本聰氏が脚本をてがけた「富良野三部作」関連グッズを販売。新富良野プリンスホテル敷地内。
MAP P138A3

▶ドラマ撮影時のセットがそのまま保存されている

▲ゆったりと大人の時間が流れる

かぜのがーでん
風のガーデン
同名ドラマの舞台となったロケ地

新富良野プリンスホテルの敷地内にはドラマのロケ地が多数。「風のガーデン」もそのひとつで2008年放映の同名ドラマのロケ地として2年かけて作られた英国式庭園だ。約2万株の花々が訪れる人々の心を癒す。

Ⓨ入園無料 🕐8〜17時（最終受付16時30分※季節・天候により変動あり）🅗無休（10月中旬〜4月下旬は休業）🚃JR富良野駅から車で10分 Ⓟ390台（新富良野プリンスホテル駐車場）MAP P138A3

▶白糠産エゾ鹿肉の薪火焼きのランチコースが大人気。北海道ジビエを味わえる

る・ごろわ ふらの
ル・ゴロワ フラノ
道産食材にこだわったイタリアン

シェフが感銘を受けたドラマの脚本家・倉本聰氏監修のイタリアンレストラン。シェフは「食材は穫れた場所で食べるのが一番」と考え富良野へ移住。薪窯で焼き上げる道産肉はとてもジューシー。付け合わせの野菜も北海道産を使用。

🕐12時〜13時30分LO、17時30分〜20時30分LO 🅗月・火曜 🚃JR富良野駅から車で10分 Ⓟ390台（新富良野プリンスホテル駐車場）MAP P138A3

こーひー もりのとけい
珈琲 森の時計
倉本聰氏監修のカフェ

▲ドラマで使われたカウンターが人気

ドラマ『優しい時間』のメイン舞台となったカフェ。撮影終了後も雰囲気そのままに営業している。ドラマのシーンのようにカウンター席では自分で挽いた豆でコーヒーが飲めるのもここならではの楽しみ方。

🕐12時〜17時30分LO 🅗無休（クローズ期間あり）🚃JR富良野駅から車で10分 Ⓟ390台（新富良野プリンスホテル駐車場）MAP P138A3

▲ゆったりと大人の時間が流れる

そーずばー
Soh's BAR
「おとなの隠れ家」がコンセプト

ドラマ『風のガーデン』で登場したシガーバー。「珈琲 森の時計」と同様に倉本聰氏が監修している。星や月の明かりだけを頼りに夜の林道を進むと重厚な石積みの一軒家が現れる。懐かしいオールディーズの音楽を聞きながら、ゆったりとお酒と煙草を楽しめる大人のバー。※未成年は入店不可

🕐19〜24時（季節により変動あり）🅗無休（11月にクローズ時期あり）🚃JR富良野駅から車で10分 Ⓟ390台（新富良野プリンスホテル駐車場）MAP P138A3

📖 ホテル敷地内の森の中に、15棟のログハウスが連なるショッピングエリアの「ニングルテラス」では、店舗により個性あるクラフト作品を展示・販売している。

ふむふむ
コラム
fumu! fumu

富良野の豊かな自然の中で生まれた
名作ドラマ（富良野三部作）の舞台を訪ねる

富良野の雄大な自然を全国に知らしめたドラマが脚本家・倉本聰氏の名作『北の国から』『風のガーデン』『優しい時間』（＝富良野三部作）。富良野を舞台にした名シーンを思い出しながらロケ地を巡ろう。

富良野が舞台の不朽の名作

北の国から

[放映：1981年]

日本中を感動の渦に巻き込んだ名作『北の国から』。北海道・富良野の大自然を舞台にした家族の大きな愛の物語。田中邦衛、吉岡秀隆、中嶋朋子が出演。

風力発電装置やお風呂など劇中に出てくるアイテムが目白押し

ごろうのいしのいえ
五郎の石の家

主人公・黒板五郎（田中邦衛）が、畑から大量に出る石を積み上げて建てた石造りの家。『北の国から』シリーズの『'95秘密』から『2002遺言』まで五郎がここで暮らした。家は中に入ることができ、石のお風呂も見学可。

☎0167-23-3388（（一社）ふらの観光協会）🏠富良野市東麓郷3 💴入場500円（小学生300円）🕐9時30分〜18時（時期により異なる）💤無休（11月上旬〜4月下旬は休業）🚌JR富良野駅から車で30分 🅿100台 🗺P138C3

34

さまざまな人の姿を描く ヒューマンドラマ
優しい時間
[放映：2005年]

息子の起こした事故で妻を失った主人公。妻の故郷・富良野で始めた喫茶店「珈琲 森の時計」を舞台に、父と子の絆の再生など人々の交流を描く。寺尾聰、二宮和也が出演。

こーひー もりのとけい
珈琲 森の時計

脚本家・倉本聰氏監修の喫茶店。ドラマではメイン舞台になっており、ドラマのように自分でミルを使って豆を挽き、香ばしい珈琲600円〜を味わえる。

新富良野プリンスホテル内（DATA☞P32）
🕐12時〜17時30分LO（季節により変動あり）🈺無休（11月にクローズ期間あり）

大きな窓に切りとられた絵画のような森の風景が広がる

冨良野三部作の集大成
風のガーデン
[放映：2008年]

冨良野三部作の集大成。美しい花が咲き誇る富良野のガーデンを舞台に、病気で死を目前とした男と家族の絆や自然とのつながりを描いた人間ドラマ。中井貴一、黒木メイサが出演。

かぜのがーでん
風のガーデン

『風のガーデン』のために作られた英国式庭園。450品種以上、約2万株の花が植えられ、入口付近にある「ガブリエルの家」では花の苗やドラマのオリジナルグッズなどを販売。

新富良野プリンスホテル内（DATA☞P32）💴入園無料 🕐8〜17時（最終受付16時30分※季節・天候により変動あり）🈺無休（10月中旬〜4月下旬は休業）

オールドローズの繊細な美しさが満喫できる「薔薇の庭」など、見どころが多数（DATA☞P32）

地元素材を使った手作り体験＆工場見学が人気です！

地元産のブドウを100%使用したワインや新鮮な牛乳で作るチーズやバター。
その美味しさの秘密を少しだけのぞける手作り体験＆工場見学を楽しんでみよう。

チーズ作りにチャレンジ！

1

ふらのちーずこうぼう
富良野チーズ工房

**手づくり乳製品と
チーズ工房見学ができる**

富良野でのびのびと育った牛のミルクで乳製品を製造している工房。ここでは毎日手づくり教室が開催され、誰でも簡単にチーズやバターアイスクリームを作ることができる。アイスミルク工房やピッツァ工房ではランチやデザートが楽しめ、おみやげのチーズも販売。

☎0167-23-1156 ㊭富良野市中五区 ¥見学無料 ㈬9～17時（11～3月は～16時）㊡無休（年末年始施設整備のため休館あり）㊫JR富良野駅から車で9分 ㏚120台 MAP P138A3

2

3

1 チーズの製造室や熟成庫をガラス越しに見ることができる
2 新鮮な牛乳を使って作った自作のアイスクリームの味はひとしお
3 白樺の森の風景に溶け込む工房

手作り体験料金（要予約）		
バター作り体験コース	900円、約40分。1名～受付	
アイスクリーム作り体験コース	900円、約40分。4名～受付	
チーズ作り体験コース	1000円、約60分。1名～受付	

ドラマの舞台
「麓郷」が見渡せる
展望台
MAP P138C3

ふらのジャム園の共済農場敷地内の高台にある展望台からは大雪連峰や夕張岳などに囲まれた北海道らしい雄大な丘陵地帯を一望できる。一帯はドラマ『北の国から』のロケにも使われた。

ワイナリーを見学！

1フレンチオーク材の樽の中で眠り熟成が進むワイン
2清水山の中腹に建つ赤い屋根とレンガ造りの建物
3飲み比べてお気に入りを見つけて

ジャム作りにチャレンジ！

1ジャムができたらビンに詰めてラベルも手づくり
238種類のジャムが所狭しと並ぶ

ふらのわいんこうじょう
ふらのワイン工場

**ワイン製造工程を
じっくり見学**

広大な畑で栽培されたブドウを使い「ふらのワイン」を製造しているワイン工場。熟成の様子やビン詰め作業、ビン詰め後の製品などを見学できる。2階の試飲コーナーはロケーションも抜群。見学は無料。売店も併設しており、ふらのワインの全銘柄を購入できる。

☎0167-22-3242 住富良野清水山 ¥見学無料 時9～17時 休無休 交JR富良野駅から車で5分 P40台 MAP P138A3

ふらのじゃむえん
ふらのジャム園

**38種類のジャムを販売
ジャム作り体験も**

ふらのジャムを毎日手づくりしている工房＆ショップ。38種類ものジャムが販売されており、他のショップでは買えないここだけの紅玉リンゴやミックスのジャムも販売している。併設のレストランやスイーツショップも人気で、雄大な景色を望める麓郷展望台も見どころ。

手作り体験料金（要予約）
ジャム作り体験
1500円、約60分。1名～受付（中学生以上）

☎0167-29-2233 住富良野市東麓郷の3 ¥見学無料 時9時～17時30分 休無休（年末年始は休み） 交JR富良野駅から車で30分 P200台 MAP P138C3

📖 ふらのワイン工場では、6月下旬から7月中旬にかけ早咲きラベンダーが楽しめます。

富良野

フラノマルシェで、こだわりのおみやげ探し

地元のおいしいしいものはマルシェで見つけましょう！ということで、富良野のおいしいものが一堂に会するフラノマルシェでおみやげを探そう！

1 地元農家の野菜販売店やカフェなどもある
2 新敷地の中央に誰でものんびり過ごせる憩いの広場がある「フラノマルシェ1」
3 コンサートやイベントができる多目的ホール「タマリーバ」もある「フラノマルシェ2」
4 物産センター「アルジャン」には富良野エリアの食品や工芸品などの特産品が約2000種類並ぶ

富良野駅周辺
ふらのまるしぇわん・ふらのまるしぇつー

フラノマルシェ1・フラノマルシェ2

富良野グルメやおみやげがココに集結

富良野の名産品や食材、おみやげ品などが一堂に集められた複合商業施設。大型物産センターや野菜直売所、ショップやカフェなど多彩なテナントが揃う。テイクアウトブースやキッズスペースもあるのでのんびり過ごせる。

☎0167-22-1001 住富良野市幸町13−1（マルシェ2は幸町8−5）営10〜18時（7月1日〜9月30日は〜19時）休11月14〜18日、12月31日・1月1日 交JR富良野駅から徒歩7分 P131台 MAP P138A1

38

富良野 ● フラノマルシェで、こだわりのおみやげ探し

ふらのじゃがバター すいーとぽてと
5個入り1296円
「インカのめざめ」と富良野のバターをたっぷり使用したスイートポテト。Ⓐ

富良野ジャム メロン・いちご
各648円
富良野のフルーツをじっくり煮詰めてビン詰めした無添加無着色の安心ジャム。Ⓐ

ふらの ぶどう果汁 サイダー
200㎖ 250円
富良野ブドウのストレート果汁が15%入った果実味を感じる爽快なサイダー。Ⓐ

フラノデリスの ふらの牛乳プリン 350円
ノンホモ牛乳を使ったプリン。夏はあっさり、冬は濃厚と季節によって味の変化を楽しめる。Ⓐ

ふらのッち 各種120円
湖池屋とコラボした富良野エリア限定のポテトチップス。味は4種あり。Ⓑ

ふらの雪どけ チーズケーキホール 1540円
濃厚な富良野チーズに特製ベリージャムの酸味がきいたチーズケーキ。Ⓐ

テイクアウトグルメもチェック!

くま食ぱん 380円
富良野産小麦100%使用のもっちりとしたクマ型の食パン。Ⓒ

肉まんま 390円
おにぎりをハンバーグで包んだ新感覚のファストフード。Ⓕ

油そば 750円
富良野産食材を使ったまぜそば。季節ごとに具材が変わる。Ⓓ

ロースカツサンド 950円
上富良野産の豚ロースを使用したボリューミーなカツサンド。Ⓔ

ふむふむ コラム
fumu fumu

富良野の野菜はなぜおいしいの？

富良野エリアで見られる広大でのどかな牧歌的な景観は、この地域が豊かな畑作地帯であることを雄弁に物語っています。野菜にこだわるカフェやレストランで旬の味覚をいただくもよし、直売所で買うもよし、北海道が誇る富良野野菜の美味しさをぜひ実感してみましょう。

Q 富良野野菜の美味しいワケ

A 周囲を山に囲まれた富良野盆地は内陸性気候で、昼夜の寒暖差が大きいことで有名です。厳しい環境下では、植物が自分の身を守ろうと養分を懸命に吸収します。そのため、糖度と栄養が蓄えられ、味や香りがしっかりとのった野菜になります。東の十勝岳山麓は美瑛から続く緩やかな丘で畑作に適し、西の芦別岳山麓の扇状地形と、空知川、ベベルイ川、富良野川流域に広がる平らな土地は水田耕作と向き、豊かな自然と地形が作物に特色を出しています。

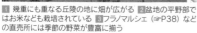

1 幾重にも重なる丘陵の地に畑が広がる 2 盆地の平野部ではお米なども栽培されている 3 フラノマルシェ（☞P38）などの直売所には季節の野菜が豊富に揃う

Q 富良野野菜をおいしくいただこう

A 富良野の野菜は味も甘みも濃いのが特徴です。富良野エリアには、このおいしい野菜をいただけるレストランもたくさんあります。北海道の食材・素材の魅力を100％生かすメニューを提供する店舗へぜひ足を運んでみましょう。（☞P28）

ル・ゴロワ サラダランチ　3270円
ル・ゴロワ フラノ（☞P29）の「ル・ゴロワ サラダランチ」の野菜は生産者に敬意を表し、シェフみずからが選りすぐって提供される

Furano vegetables

食材の宝庫
富良野野菜を
チェック

アスパラ

初夏を代表する野菜。朝どれのものは、やわらかくジューシーで甘みたっぷり

トウモロコシ

生でもおいしい「ピュアホワイト」や糖度の高い「サニーショコラ」などバラエティ豊か

ジャガイモ

ホクホク感が人気の「男爵」や甘い「キタアカリ」などを栽培。春には甘みがアップした越冬ジャガイモも出荷される

タマネギ

富良野のタマネギ生産量は北海道内で2位。生では辛味が強いが、熱を加えると甘みや旨みが増す

カボチャ

肉厚でホクホク、自然な甘さが特徴。品種は「雪化粧」や「坊っちゃんカボチャ」など

ニンジン

富良野は道内主要産地の一つ。甘みがあり、クセはなく、地元ではジュースも販売されている

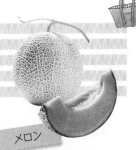

イチゴ

甘みが強く、香りが特に強い「さがほのか」が主流。とれたてのみずみずしい味わいを楽しもう

メロン

甘みと香りが濃厚な赤肉メロンの「富良野メロン」は、ラベンダーの開花期に旬を迎える夏の風物詩的なフルーツ

お肉もおいしい!

飼料にもこだわり、健康的に育てられた「かみふらのポーク」は銘柄豚肉。脂の甘みとしまった肉質が特徴。おいしい富良野野菜と一緒にいただくメニューは絶品。

これしよう！
「映え」するポイントを
見に行こう！

往年の名作CMのロケ地として知
られる「ケンとメリーの木」(☞P44)
など印象的な風景に会いにいこう！

これしよう！
青い池まで足をのばそう

美瑛市街から白金 青い池 (☞
P52) 周辺を巡るサイクリングロー
ドが2020年に完成。青い池を通り
白金温泉まで片道約20.8キロ。電
動アシスト付き自転車がおすすめ。

これしよう！
美しい花絶景を満喫しよう！

ヒマワリやポピー、チューリップなど
春から秋にかけて次々と花々が咲き
誇る「四季彩の丘」(☞P46)。その
様子はまるで一枚の絵画のよう。そん
な花絶景を満喫。

美しい丘のまち

美瑛
びえい

こんなところ

丘陵に広がるパッチワークのような花畑や
CMに登場した木など印象的な風景を巡る
ドライブが人気のまち。最近では、「映え」
する観光スポットとして「白金 青い池」も
人気。美瑛の食材を使った料理やスイーツ
にも注目。

ａｃｃｅｓｓ

●新千歳空港から
【JR】快速エアポートで札幌駅まで
38分⇒特急カムイ・ライラックで旭
川駅まで1時間25分⇒各駅停車
で美瑛まで35分

●旭川空港から
【バス】ラベンダー号 (ふらのバス)
で美瑛駅まで16分

問合せ ☎0166-92-4378
美瑛町観光協会
広域MAP付録 裏E4～G6

～美瑛 はやわかりMAP～

0 1km

千代ヶ岡
卍千代ケ岡神社

4 セブンスターの木
（☞P45）

3 かしわ園公園
（☞P45）

大雪山CC

東神楽町

坊主山

陽明山

就実の丘

辺別川

2 ケンとメリーの木
（☞P44）

北美瑛

1 ぜるぶの丘・亜斗夢の丘
（☞P44）

パッチワークの路
（☞P44）

5 北西の丘展望公園
（☞P45）

マイルドセブンの丘

美瑛選果（☞P50）

三愛の丘展望公園
（☞P47）

美瑛

○美瑛町役場

憩ヶ森公園

パノラマロード
（☞P46）

四季彩の丘（☞P46）

美瑛町2つめの道の駅
白金エリアの魅力や情報
を発信する道の駅びえい
「白金ビルケ」。「THE
NORTH FACE」のショ
ップを併設（☞P53）

美瑛町

道の駅びえい
「白金ビルケ」
（☞P53）

白金 青い池
（☞P52）

美瑛のおいしいものを食べに行こう
JAびえいが手掛ける美
瑛産食材の魅力を発信
するアンテナショップ
「美瑛選果」☞P50

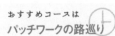

観光のヒント
移動は車がベスト
「丘のまち」といわれるほどアップ
ダウンが激しい。車での移動がお
すすめ。

美瑛

おすすめコースは
パッチワークの路巡り

**JR美瑛駅からパッチワーク
の路をぐるりと巡り2時間**

色とりどりの畑がまるでパッ
チワークのような「パッチワー
クの路」は見どころが集中し
ているので、1～2時間で全
スポットを巡れる。

スタート		**1**		**2**		**3**		**4**		**5**		ゴール
JR美瑛駅	約2.0km／約6分	ぜるぶの丘・亜斗夢の丘	約1.4km／約5分	ケンとメリーの木	約2.2km／約5分	かしわ園公園	約2.2km／約3分	セブンスターの木	約4.6km／約10分	北西の丘展望公園	約2.6km／約5分	JR美瑛駅

自然が生み出すコントラストに感動！
花模様が美しいパッチワークの路

色とりどりの花畑がパッチワークのように連なる美瑛の丘。CMで見たあの木や、記憶の中にあるあの景色。フォトジェニックな風景を巡ってみましょう。

同心円状に植えられた
美しい花模様が広がる

[1]同心円状に植えられたカラフルな花模様の「ぜるぶの丘・亜斗夢の丘」[2]丘の上まで美しく波打つダイナミックな花畑 [3]「ぜるぶの丘・亜斗夢の丘」ではバギーを運転して園内をめぐる [4]悠然とそびえるポプラの木は美瑛の顔でもある「ケンとメリーの木」

① ぜるぶの丘・亜斗夢の丘
ぜるぶのおか・あとむのおか
　　　　　　　　　　　[1][2][3]

丘陵を同心円状に彩る広大な花畑

約4万haの広大な敷地に色とりどりの花畑が同心円状に広がる丘。ラベンダーやヒマワリ、ポピーなどの畑が重なりカラフルな花の波を作り出す。敷地内にはレストランやショップ、遊び場などもあるので1日楽しめる。

☎0166-92-3315 住美瑛町大三 ¥無料 ⏰8時30分〜17時 休4・5月は不定休、10月中旬〜4月中旬は休園 交JR美瑛駅から車で5分 P120台 MAPP139B2

② ケンとメリーの木
けんとめりーのき
　　　　　　　　　　　[4]

広い大地にたたずむポプラの木

美瑛を代表する風景「ケンとメリーの木」は樹齢90年を超える樹高約31mのポプラの木。過去に日産スカイラインのCMに使われたことでも有名。

☎0166-92-4378(美瑛町観光協会) 住美瑛町大久保協生 ¥休見学自由 交JR美瑛駅から車で5分 P50台(共用P) MAPP139B2

約2時間
約15km

おすすめコース　🚩START!

JR美瑛駅 🚗 約2km／約6分 ① ぜるぶの丘・亜斗夢の丘 🚗 約1.4km／約5分 ② ケンとメリーの木 🚗 約2.2km／約5分 ③ かしわ園公園 🚗 約2.2km／約3分 ④ セブンスターの木 🚗 約4.6km／約10分

パッチワークの路

マウンテンビューな高台の公園!

⑤畑のコントラストが見事な見晴らし抜群の高台にある「かしわ園公園」 ⑥広大な丘の上に伸びるカシワの木は有名な「セブンスターの木」 ⑦セブンスターの木のすぐ近くにある美しいシラカバ並木（**MAP**P139A2） ⑧園内のラベンダー畑や丘、十勝岳連峰も一望できる「北西の丘展望公園」

③ かしわ園公園 ⑤
かしわえんこうえん

色付く丘を眼下に望む高台公園

カシワの木々が生い茂る静かな高台にある公園。高台から望むのは雄大な十勝岳連峰と鮮やかなパッチワークの丘。見晴らしの良さはどこよりも良いと評判。桜の木もあるので春にはお花見スポットとしても賑わいを見せる。

☎0166-92-4378（美瑛町観光協会）住美瑛町北瑛 ¥⊕休見学自由 交JR美瑛駅から車で10分 P5台 **MAP**P139B2

④ セブンスターの木 ⑥
せぶんすたーのき

のびのびと枝葉を広げるカシワの木

丘の上にスクッと伸びて立っているのが、昭和51年（1976）にタバコのパッケージモデルにもなった「セブンスターの木」。のどかな丘陵風景の中に凛と力強くたたずんでいる。私有地内なので路上から見学しよう。

☎0166-92-4378（美瑛町観光協会）住美瑛町北瑛 ¥⊕休見学自由 交JR美瑛駅から車で10分 P20台 **MAP**P139A2

⑤ 北西の丘展望公園 ⑧
ほくせいのおかてんぼうこうえん

美瑛の美しい丘風景を望める展望台

小高い丘の上にピラミッド型の展望台がある公園。展望台から望むのは、園内のラベンダー畑や美瑛の丘風景、天気のいい日には十勝岳連峰まで見渡せる素晴らしいロケーション。夏季限定で駐車場横に観光案内所が開設。

☎0166-92-4378（美瑛町観光協会）住美瑛町大久保協生 ¥⊕休見学自由 交JR美瑛駅から車で5分 P30台 **MAP**P139B2

⑤
北西の丘展望公園 ⟶⟶⟶ 🚩 `GOAL!`
約2.6km／約5分
JR美瑛駅
※時間は車移動時の目安

癒やしカフェで花絶景を楽しむ

ぜるぶの丘にあるカフェ「True color of Nature」。花や山々の美しい景色を眺めながらひと休みできる。
☎0166-92-3160 住美瑛町大三 ⊕10〜17時 休11〜3月 交JR美瑛駅から車で5分 P120台 **MAP**P139B2

見学の際の注意事項

● 花畑のように見える丘のほとんどは地元農家の私有地。畑には絶対入らず、舗装された場所から見学や撮影を。

● 車を停止する場合は安全な場所へ。誘導がある場合は速やかに移動を。

● 各公園の売店やトイレは冬期使用不可。

📖 春から夏にかけて畑では様々な野菜が育てられ、様々な色に変化。その様子が一枚のパッチワークの布のように見えることから、パッチワークの丘と呼ばれるようになりました。

美しい広大な丘陵地帯が続く
風景画のような景色が楽しめるパノラマロード

十勝岳を背景にした美しい広大な丘陵地帯に、色とりどりの花畑が咲き誇る風景が広がる。高低差100mのアップダウンを生かした独特な立体感のある景観とかわいらしい動物とのふれあいもぜひ。

まるで絵画のような美しい景観!

[1]約30種類の花々が咲き誇る、大きな絵画のような「四季彩の丘」[2]「四季彩の丘」のマスコット、かわいいアルパカともふれあえる [3]のどかな牧場「ファームズ千代田」では動物たちがのびのび過ごす [4]「ファームズ千代田」のかわいらしい動物たちの表情に癒やされる

しきさいのおか
① 四季彩の丘　[1][2]

絵画と見間違いそうな美しい花畑

ヒマワリやポピー、チューリップなど春から秋にかけて咲くかわいらしい花々が咲き誇る花畑。園内にはソフトクリームやコロッケなどが食べられる軽食コーナーや、園内で栽培した野菜直売所もあるので1日楽しめる。

☎0166-95-2758 住美瑛町新星第3 ¥7〜9月は入園有料（500円）⏰8時40分〜17時30分（季節により変動あり）休無休 交JR美馬牛駅から車で5分 P300台 MAP P139B3

ふぁーむずちよだふれあいぼくじょう
② ファームズ千代田ふれあい牧場　[3][4]

かわいい動物たちとふれあえる牧場

約10万㎡の広大な牧場で、ヒツジやポニー、ラマなどの動物がおり、エサやりや搾乳など、さまざまなふれあい体験ができる。牧場直営の「ファームレストラン千代田」では、こだわりのブランド和牛・びえい和牛のメニューが食べられる。

☎080-6064-0174 住美瑛町水沢春日台4221 ¥入場無料、体験メニュー：仔牛のミルクやり600円・ポニーの引き馬700円ほか ⏰9〜17時（冬期は〜15時）、体験受付は10〜15時（要予約）休無休 交JR美瑛駅から車で10分 P40台 MAP P139B3

約2時間
約17km

おすすめコース

START!

JR美馬牛駅

約2.3km／約5分

① 四季彩の丘

約5.3km／約8分

② ファームズ千代田ふれあい牧場

約0.4km／約1分

③ 千代田の丘展望台

約1.7km／約3分

④ 三愛の丘展望公園

約7.2km／約11分

⑤ 新栄の丘展望公園

パノラマロード

遠くには十勝岳を望む
美瑛のビュースポット

5 全面ガラス張りの展望台から美瑛の大パノラマが望める「千
代田の丘展望台」6 パッチワークの田園風景を一望できる「三
愛の丘展望公園」7 小高い丘に広がるのどかな畑風景が望め
る「新栄の丘展望台」

ちよだのおかてんぼうだい
3 千代田の丘展望台 5

ファームズ千代田内にある展望台

全面ガラス張りのえんぴつ型の屋根
をした西洋風の展望台。そこから見渡
せるのは美瑛の絶景。美瑛町でも有
数のビューポイントで丘陵地帯を背
景に十勝岳や大雪山など2000m級
の山々が望める。夕景も美しい。

☎0166-92-7015（ファームズ千代田総合
受付）住美瑛町水沢春日台 ¥時休見学自由
交JR美瑛駅から車で10分 P20台
MAP P139B3

さんあいのおかてんぼうこうえん
4 三愛の丘展望公園 6

旭岳パノラマロードと十勝岳を一望

パノラマロード沿いの小高い丘に建
つ広い展望公園。標高310mから眺
める風景は大雪山や十勝岳連峰の
雄大な山並み。間近には緩やかな起
伏が織りなす丘陵を眺められる。休
憩できる赤い屋根の東屋やトイレも
完備。

☎0166-92-4378（美瑛町観光協会）住美
瑛町三愛 ¥時休見学自由 交JR美瑛駅か
ら車で10分 P8台 MAP P139B3

しんえいのおかてんぼうこうえん
5 新栄の丘展望公園 7

北海道らしい畑の風景が望める

小麦やトウモロコシなど北海道らしい
農作物の畑を眺められる公園。畑一
面がオレンジ色に染まる夕暮れ時は、
昼間とは表情を変えノスタルジーな
雰囲気。北海道らしいのどかな風景
を360°の大パノラマで体感できる。

☎0166-92-4378（美瑛町観光協会）住美
瑛町美馬牛新栄 ¥時休見学自由 交JR美
瑛駅から車で10分 P27台 MAP P139B3

GOAL!

JR美馬牛駅

約4km
／約6分

※時間は車移動時の目安

▷ドライブアドバイス

標高差が100mとアップダウ
ンは激しいけれど、その分見
晴らしがよく、爽快なドライブ
が楽しめる。移動は車がベタ
ーだが、電動アシスト付きなら
自転車でもOK。

麦稈（ばっかん）ロールってナニ？

麦の穂の部分を刈取った藁（わら）を丸めた
もので、できあがったものは酪農家が購入し牛
の寝床に敷かれる。新栄の丘展望公園では装
飾が施され、マスコットキャラクター「ロール君」
として人気の撮影スポットとなっている。

美馬牛ガイドの山小屋では電動アシスト付き自転車がレンタルできます。☎0166-95-2277

ドライブ途中に立ち寄りたい
ランチやスイーツが楽しめる森カフェ

美瑛には、森や丘など自然の中に隠れ家カフェが点在しています。
ゆったり時が流れる店内で、のんびりとくつろぎタイムを過ごしましょう。

ふぇるむ ら・てーる びえい
フェルム ラ・テール 美瑛

美瑛の魅力を詰め込んだスポット

映画『愛を積むひと』のロケ地跡に誕生したファームフードガーデン。地元素材にこだわる食事やスイーツに人気がある。

☎0166-74-4417 **住**美瑛町大村村山 **営**ショップ10〜17時、レストラン11〜15時(ランチ)、15時〜16時30分(カフェ※5〜9月はディナー営業17〜20時LO ディナーは要予約 **休**月曜(7・8月は無休予定、祝日の場合は翌日、その他臨時休業あり) **交**JR美瑛駅から車で10分。営業時間短縮や不定休あり、要確認 **P**35台 **MAP**P139B2

パッチワークの路の「ケンとメリーの木」から
車で5分

カフェメニューの
ティータイムセット 1760円

カフェのおすすめ

カフェタイムに数量限定で提供される人気のスイーツのセット

▲テラスからは丘の美しい風景が見渡せる
◀周囲の緑や青空に映える外観。ショップでパンやケーキを販売

パノラマロードの「セブンスターの木」から
徒歩10分

▲周囲の緑と調和するレストラン棟。目の前には小麦畑が広がる
◀店内の薪窯で焼いたパンが20種類前後揃う。パンのみの購入も可能

れすとらん びぶれ
Restaurant bi.blé

パン工房を併設したオーベルジュ

旧北瑛小学校跡地を利用したオーベルジュで、ランチとディナーはレストランのみの利用も可(予約を入れるのが確実)。美瑛産のものを中心に、野菜をたっぷり使用したフレンチが味わえる。店内の窯で焼き上げるパンには、美瑛産小麦を使うことも。

☎0166-92-8100 **住**美瑛町北瑛第2 北瑛小麦の丘内 **営**11〜15時LO、17時30分〜19時30分LO(パン工房は10時〜売り切れ次第終了) **休**火曜(冬期は金〜日曜のみ時間短縮営業) **交**JR美瑛駅から車で10分 **P**20台 **MAP**P139B2

ランチコース
3200円〜

ランチのおすすめ

季節替わりの前菜、フライ、肉料理、野菜、デザートからなるコース

かふぇおうるのもり
cafeおうるの森

森の中にたたずむなごみのカフェ

民家を改装したレトロな趣のカフェ。
小川のせせらぎや小鳥のさえずりを
BGMに、ゆっくりと食事やお茶が楽
しめる。

☎0166-92-0707 住美瑛町五稜第5
⏰11〜16時 休木・金曜 交JR美瑛駅から車
で15分 P7台 MAP P139A2

ランチの
おすすめ

森御膳（盛り）
1400円
季節の惣菜が7〜9品付く
お膳。美瑛や近郊から仕入
れた食材がメイン

①緑と調和する外観。目の前には黄金
色の小麦畑が広がる
②店内は古民家の落ち着いた雰囲気

パッチワークの路の
「かしわ園公園」から
車で10分

▼トッピングがたっぷりついたワッフル
セットは800円

美瑛 ●ランチやスイーツが楽しめる森カフェ

パノラマロードの
「ファームズ千代田ふれあい公園」から
車で15分

ランチの
おすすめ

かふぇ どらぺ
Café de La Paix

林に囲まれた緑の中のピッツェリア

白樺の森の中にある隠れ家のようなカ
フェレストラン。ログハウスはオーナー
夫妻の手づくり。ラクレットメニューが
人気。

☎0166-92-3489 住美瑛町美沢希望19線
⏰10〜18時 (18時以降は完全予約のみ営業) 休
木曜(祝日の場合営業、冬期営業は不定休 交JR美
瑛駅から車で約15分 P15台 MAP P139C3

ラクレット（1人前）
※2人前から
2500円
エビやソーセージなど
の具にたっぷりのチー
ズをかけて味わう

パッチワークの路の
「ケンとメリーの木」から
徒歩15分

カフェの
おすすめ

あるうのぱいん
あるうのぱいん

美瑛の丘を眺めつつ楽しいランチ

自家製パンが評判のベーカリーカフェ。美瑛
産小麦＆天然酵母のパン約7種が店頭に並
び、そのパンを用いたメニューが味わえる。

☎0166-92-3229 住美瑛町大村村山 交JR
美瑛駅から車で8分 ⏰4月下旬〜10月末の11〜
16時LO(パンがなくなり次第終了) 休期間中は木・
金曜 P10台 MAP P139B2

チーズフォンデュセット
1600円
器はくりぬいたパン。
温野菜やソーセージも
付き大満足のひと品

49

美瑛

美瑛のおいしいものを探すならここへ
「美瑛選果」で、地元食材の魅力を満喫

JAびえいが手掛ける美瑛産食材の魅力を発信するアンテナショップ。
美瑛産野菜やスイーツ、こだわりパンが手に入るショップやフレンチレストランを併設。

**大きな窓が開放的な施設。JR美瑛駅からも車で約3分とアクセスも便利 2 美瑛産の新鮮野菜が揃う「選果市場」。多くの人が訪れる 3 地元食材を使った加工品やおみやげ品も豊富

美瑛
びえいせんか
美瑛選果
厳選した地元食材をお持ち帰り

丘のまち・美瑛の"美味しい"が集結したアンテナショップ。産直野菜や地元食材を生かした加工品、パン、スイーツなどが勢揃い。地元の食材を味わえるフレンチレストランも併設。
☎0166-92-4400 住美瑛町大町2
営休施設により異なる 交JR美瑛駅から徒歩10分 P66台 MAP P139B4

テイクアウトグルメ

Ⓐ **しゅまり小豆の ソフトクリーム 450円**
貴重な美瑛産しゅまり小豆を、なめらかなソフトクリームと

Ⓐ **デラックスじゃがバター 450円**
ベーコンフライドオニオンがのったボリューミーなじゃがバター

Ⓐ **イチゴジュース 490円**
店舗で手作りするフレッシュジュース

美瑛ならではのとびきりフレンチ
RESTAURANT ASPERGES
れすとらん あすぺるじゅ

美瑛選果内のレストラン「アスペルジュ」では、シェフが直接地元生産者を訪ねて厳選した、旬野菜が主役の料理を提供する。
☎0166-92-5522 **MAP**P139B4

B 美瑛の黒豆ぱん
230円

C おかきに。焼きとうもろこし
130g 490円
おかきに。じゃがバター
130g 490円
トウモロコシやジャガバターの風味をつけた美瑛ならではのおかき

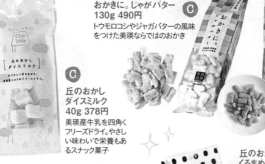

C 丘のおかし
ダイスミルク
40g 378円
美瑛産牛乳を四角くフリーズドライ。やさしい味わいで栄養もあるスナック菓子

B 美瑛のあんぱん
230円
粒あんを贅沢に100g使った満足感の高いあんぱん。美瑛産黒豆の黒豆ぱんも人気

C 丘のおかし
くろまめ
35g 410円
美瑛産大豆をフリーズドライ。お米と一緒に炊けるだけで簡単に黒豆ごはんが作れる

C ハスカップジャム(左)、
さくらんぼジャム(中央)、
アロニアジャム(右)
各130g 780円
道産食材を原料にしたジャム。容器もかわいいのでおみやげにもおすすめ

A 選果工房
せんかこうぼう

季節ごとに素材が変わるケーキやプリン、ソフトクリームなどがテイクアウトできるスイーツ店。イチゴジュースやピタパン、コロッケなど地元食材で作る軽食も人気。
☎0166-92-5522(RESTAURANT ASPERGES) ⏰10～18時 休水曜、12月1日～3月31日 **MAP**P139B4

B 美瑛小麦工房
びえいこむぎこうぼう

東京・銀座で大人気の食パン専門店「セントル ザ・ベーカリー」と美瑛選果がコラボしたパン工房。美瑛産小麦100%の食パンはしっとりモチモチの食感が楽しめる。
☎0166-92-3000 ⏰10～17時(6～8月は～18時) 休無休(11月5日～3月31日は選果市場で販売) **MAP**P139B4

C 選果市場
せんかいちば

美瑛産の新鮮野菜が販売されているマーケット。旬野菜の入荷時には試食もできる。地元食材のユニークな加工品やおみやげ品なども販売。
☎0166-92-4400(美瑛選果) ⏰9時30分～17時(6～8月は9～18時、11月5日～3月は10～17時) 休12月30日～1月5日 **MAP**P139B4

📖 美瑛の本店のほか、新千歳空港国内線ターミナルビル2階には美瑛選果新千歳空港店もあります。

美瑛 ● 美瑛選果で地元食材の魅力を満喫

ここは本当に日本！？SNSを中心に話題になった注目のスポット白金 青い池

今、注目の「白金 青い池」をはじめ、その周辺には魅力的なスポットがたくさんあるので、美しい景色をみたり、おいしいものをいただくドライブをしてみましょう。

所要：**4時間**
距離：**約49㎞**

START!

JR 美瑛駅

約17km／約25分

❶ しろがね あおいいけ
白金 青い池

四季折々に表情を変える神秘の池

まるで青いインクを溶かしたように美しい水面が、枯れたカラマツと相まって幻想的な雰囲気を醸し出す池。水の色は春は青緑に、初夏は薄い青色になる。秋には水面が紅葉に彩られ、真冬は凍結して真っ白な世界が広がる。

☎0166-92-4321 住美瑛町白金 ¥見学自由 ⏰7〜19時（5〜10月）、8時〜21時30分（11〜4月）休無休 交JR美瑛駅から車で25分 Ｐ有料270台（夜間閉鎖）
MAP P141B1

▲池の西側に整備されたシラカバ並木の散策路

約3.4km
約4分

▼岩壁の割れ目からダイナミックに流れ込む

❷ しらひげのたき
白ひげの滝

落差30mのきらめくブルー

十勝岳連峰の地下水が溶岩層の隙間からまるで白いひげのように流れ落ちる様子から命名された、日本では珍しい潜流瀑。30m下の美瑛川へと流れ込み、コバルトブルーに変わる。ブルーリバー橋からの眺めが最高。

☎0166-94-3355（道の駅びえい「白金ビルケ」）住美瑛町白金 ¥休見学自由 交JR美瑛駅から車で30分 Ｐ公共駐車場あり MAP P141C1

青い池周辺の大自然を自転車で満喫

美瑛市街から青い池周辺をめぐるサイクリングロードがある。レンタル自転車で美瑛川沿いを進む道は、青い池を通り白金温泉まで約20.8kmのコース。サイクリストに人気のコースで、ビューポイントを満喫できる。
☎0166-92-4378（美瑛町観光協会）
MAP P139C4

レンタルガイドツアーも行っている「Guided Cycling Tour 美瑛」（☎090-5956-4567）

約5km／約9分

④ みちのえきびえい「しろがねびるけ」 道の駅びえい「白金ビルケ」

美瑛の魅力を発信！美瑛町2軒目の道の駅

「白金 青い池」から車で2分の場所にある道の駅。「おいしい！楽しい！美しい！」をコンセプトに白金エリアの魅力や情報を発信している。美瑛小麦のバンズを使ったハンバーガー店やアウトドア用品店THE NORTH FACEコーナーも併設。
☎0166-94-3355 住美瑛町白金 時9〜17時（6〜8月は〜18時）休無休 交JR美瑛駅から車で20分 P103台 MAP P141B1

▲青い池にちなんだグッズも販売している

▲のびのびと暮らす牛たちの様子が見られる時期も

約6.6km／約9分

③ びえいちょうえいしろがねぼくじょう 美瑛町営白金牧場

アルプスのような牧歌的な風景

美瑛町営の約400haの広大な育成牧場。6〜9月には十勝岳連峰の山並みを背景に約200頭の牛が放牧される。青い空にもよく映え、北海道らしい広大でのどかな風景世界観を満喫できる。

☎0166-92-4390（美瑛町役場農林課）住美瑛町白金 料休見学自由 交JR美瑛駅から車で30分 Pなし MAP P141C1 ※観光牧場ではないため牧場入口から牧場への立ち入りは絶対に禁止。見学の場合は牧場外の外周道路の停車帯などから行うこと。

▶レストランメニュー「Bセット」1530円

⑤ ほぴっと 歩人

秘伝の製法で作る自家製肉製品

自家製のハムやソーセージなどの食肉加工品を販売しているショップ。材料には新鮮な豚肉や地元食材を使用している。またスローフードをテーマにしたレストランも併設していて、ハム・ソーセージの盛り合わせが人気。
☎0166-92-2953 住美瑛町沢美生 時10〜18時（販売所）、レストランの営業はHPにて確認 休火・第2月曜、12月26日〜1月31日、その他連休あり 交JR美瑛駅から車で15分 P15台 MAP P139C3

GOAL!

JR 美瑛駅

約12.5km／約17分

約3km／約3分

N
2km

JR美瑛駅へ
⑤歩人
Q24線
朝日山
井牧山
大正山
966
皆空窯
④道の駅びえい「白金ビルケ」
③美瑛町営白金牧場
白金野鳥の森
①白金 青い池
しろがねダム
ホテルパークヒルズ
白金不動の滝
大雪山白金観光ホテル
湯元 白金温泉ホテル
白金温泉
②白ひげの滝
白金温泉
十勝岳温泉へ

北海道の自然を五感で満喫！
ワクワク、ドキドキを体感するアクティビティ

豊かな自然を肌で感じ、普段では感じられないワクワク感を体感してみませんか？
富良野の自然は非日常の思い出を作ってくれるはず。

▲上空から眺める満開の花畑や田園風景は爽快。季節問わず通年体験できる

▲スマホカメラの撮影も可能。なかなかできない貴重な思い出に

富良野
えむぴーじーそらち
MPGそらち

富良野のまちを上空約400mから見下ろしながらゆっくりと空中散策ができるパラグライダー体験。晴れた日には田園風景や十勝岳連峰なども眺められる。インストラクターが一緒なので初心者でも安心して挑戦できる。

☎0167-23-6638 🏠富良野市西学田2区140-1 🕗8〜20時 🈔不定休(雨天時要問合) 🚗JR富良野駅から車で8分 🅿10台 MAP P138A3

体験DATA
モーターパラグライダータンデム体験
❖料金:1万2000円＋保険500円 ※要予約
❖開催期間:通年
❖開催時間:8〜17時(所要約1時間)

富良野
ふらのねいちゃーくらぶ
富良野ネイチャークラブ

「新富良野プリンスホテル」のピクニックガーデンから熱気球に乗れるアクティビティ。大空での浮遊感は熱気球だけで味わえる特別な体験。約40m上空からは富良野のまちや大雪山系が眼下に望める。予約不要で受付。

☎0167-22-1311 🏠富良野市北の峰10-22 🕗8〜18時 🈔期間中無休 🚗JR富良野駅から車で10分 🅿20台 MAP P138A3

大空に浮かび上がる瞬間は何ともいえない浮遊感に包まれる

体験DATA
❖料金:大人2700円、子ども2200円
❖開催期間:GW、6月〜10月上旬
❖開催時間:6〜7時受付、7月中旬〜8月中旬は18〜19時も受付

▲体験中はスタッフが記念写真を撮ってくれるので体験に集中できる

美瑛

がいど さいくりんぐ つあー ぴえい
Guided Cycling Tour 美瑛

美瑛の美しい丘陵地帯を自転車でゆっくりめぐるツアー。
白金エリア（☞P52）などの観光スポットへ向かうコー
スや、あまり知られていない穴場の絶景コースなどがあ
る。予約時に希望のコースを伝えると案内してくれる。

☎090-5956-4567　住美瑛町大町1丁目1-7　🕘9時30分〜17時
30分　休雨天時休業　交JR美瑛駅からすぐ　P10台　MAP P139C4

❖料金：半日サイクリングツアー5800円、
　美瑛の丘1日サイクリングツアー8800円
　など　❖要予約

❖開催期間：5〜10月
❖所要：約2時間30分〜4時間3分

体験DATA

▲電動アシスト付き自転車なのでアップダウンの
ある道も楽にすすめる

富良野
ほしにてのとどくおかきゃんぷじょう
星に手のとどく丘キャンプ場

その名の通り、手が届くような満天の星空が見られるキャンプ場。
中富良野町市街地の少し外れた小高い丘にあり、星を眺めたあ
とは管理棟でサフォークのジンギスカンを楽しめる。おいしいジ
ンギスカンと美しい星空を存分に満喫できるキャンプ場。

☎090-1302-1422　住中富良野町ベベルイ　🕘8〜
20時　休不定休(雨天時要問合)　交JR富良野駅から車
で8分　P10台　MAP P138C2

体験DATA

❖料金：入場700円、宿泊(オートサイト)は
1泊1区画1000円、ログハウス1泊1棟5000円〜

◀昼間は富良野の丘風景が、夜は降り注ぐような星空が見られる

富良野
ふらのほしぞらたんけんつあー
ふらの星空探検ツアー

標高約900mの富良野ロープウェ
イ山頂駅から星空を観察するツア
ー。街明かりも届かない、澄みきっ
た空気の中で見る満天の星空は息
を飲むほど美しい。ツアー終了後に
は参加者全員で手持ち花火大会が
行われる。

☎0167-22-1111(富良野スキー場)　住
富良野市中御料　🕘問い合わせ 9〜17時
交JR富良野駅から車で10分　P80台
MAP P138A3

体験DATA

❖料金：2400円
❖開催期間：7月下旬〜8月中旬
❖開催時間：夏期は20時〜(所
要約1時間15〜30分)。開催の可
否は当日17時に決定
※予約制(当日富良野ロープ
ウェー山麓駅に集合)

▲地元ガイドが星座を解説してくれる

📖 自然が相手なので、寒い・暑いなどにも耐えられるように、装備品などは事前に確認を。

ソフトクリームとジェラート三昧！
酪農王国のスイーツを召し上がれ

富良野・美瑛といえば、広大な大地で育まれたおいしいミルクがたくさん。
そんなミルクから生まれるキング・オブ・スイーツをとことん満喫しよう。

まぜアイス 430円～

3種のベリーを混ぜた「ベリーベリー×チーズケーキ」480円。混ぜる組み合わせは自由

富良野駅周辺
ばすすとっぷ
ばすすとっぷ

「フラノマルシェ1」（☞P38）内のアイスクリームショップ。冷たい鉄板上でふらの牛乳ソフトとアイスクリーム、トッピングを一緒に混ぜる「まぜアイス」が人気。好きなアイスでオリジナルの「まぜアイス」も可能。

☎0167-22-0677 住富良野市幸町13-1 フラノマルシェ1内 営フラノマルシェに準ずる 休11月末及び12月31日、1月1日 交JR富良野駅から徒歩7分 P131台 MAP P138A1

ふらのアイスミルク
シングル 310円・ダブル 410円

「ふらの牛乳」と富良野産の果物・野菜で作る生粋の"メイドイン富良野"のジェラート

できたてチーズ
ソフトクリーム
360円

搾りたて生乳と「富良野チーズ工房」のチーズから作る味わい深いソフトクリーム

富良野郊外
ふらのあいすみるくこうぼう
ふらのアイスミルク工房

「富良野チーズ工房」（☞P36）の敷地内にある富良野産の手づくりジェラートショップ。ジェラートの種類はホワイト（ミルク）、かぼちゃ、トウキビ、ぶどうソルベなど。このほかに季節限定メニューも都度登場。

☎0167-23-1156 住富良野市中五区 営9～17時（11～3月は～16時） 休12月31日～1月3日（施設整備休館あり、冬期は富良野チーズ工房で販売） 交JR富良野駅から車で9分 P120台 MAP P138A3

サンタのへそ
小850円～

メロンにソフトクリームと十勝産小豆の粒あんを添えたインパクト大なスイーツ

サンタのヒゲ 大1400円

メロン半分の上にソフトクリームがたっぷりのった贅沢なスイーツ。小もあり

中富良野
ぽぷらふぁーむなかふらののほんてん
ポプラファーム中富良野本店

メロンを贅沢に使った北海道スイーツ「サンタのヒゲ」が名物の「ポプラファーム中富良野本店」。登録商標「サンタのヒゲ」が食べられるのはここだけ。他にもメロンソフトの「サンタ・デ・メロン」や、ミックスソフトの「サンタデミックス」も人気。

☎0167-44-2033 住中富良野町東1線北18号 ホテルラ・テール敷地内 営9～16時LO 休無休（11～4月中旬は休業） 交JR西中駅から徒歩5分 P100台 MAP P138B2

ここでしか味わえない
ラベンダーソフト

ラベンダーのまち・富良野らしく「ファーム富田」ではラベンダーエキス入りのオリジナルソフトクリームを味わうことができる。DATA☞P22

カップジェラート各種
シングル 350円・
ダブル 450円・

無着色・無香料で地元産フルーツなど素材の味を生かしたジェラート。一番人気はミルク

上富良野
みやまあいすこうぼう
深山アイス工房

富良野産素材にこだわったジェラートが並ぶショップ。地元産のミルク、カボチャやハスカップ、そばの実＆クリームチーズなど富良野を思わせるフレーバーが人気。味も色も香りも素材そのものの、安心安全のジェラート。

☎0167-45-6667（深山峠アートパーク）🏠上富良野町西8線北33号深山峠アートパーク内 🈺不定休（冬期は休業）🚃JR上富良野駅から車で12分 🕙10～17時 🅿200台 🆋P139B3

ソフトクリーム
自家製コーン
450円

生乳と砂糖だけで作るからこそミルク本来の甘みと深いコクが際立つソフトクリーム

美瑛
びえいほうぼくらくのうじょう
美瑛放牧酪農場

約20haの広大な放牧場で、ブラウンスイス牛やジャージー牛を通年放牧している酪農場。搾りたて生乳のおいしさをソフトクリームで味わえる。人気の低温殺菌牛乳は、牛乳本来の風味をほぼそのまま生かした味。

☎0166-68-6777🏠美瑛町新星平和5235 🕙10～17時（11～4月は～16時）🈺無休 🚃JR美馬牛駅から車で5分 🆋P139B3

📖 お店ごとに味わいが違う絶品ソフトクリームやジェラードは、素敵な景色を眺めながらいただくのがおすすめです。

テイクアウトにする？それともその場で食べる？
大地の恵みが詰まった感動スイーツ

地元食材のおいしさを生かした富良野・美瑛のスイーツの味わいはまさに感動的！
ここでしか味わえないスイーツをその場でいただくもよし、テイクアウトでおみやげにするもよし。

①

メルルのプリン
1個460円

平飼い鶏の卵を使った濃厚な味わいのプリンは、かわいらしい容器なので手みやげにも◎。厳選した旬の食材を使って作るタルトは季節ごとにフルーツが変わるのが楽しい

季節のケーキタルト
1個550円

②

クリスピー
バウムクーヘン
1個2160円

ソフトバウムクーヘン
カットタイプ
プレーン1個216円・
メロンとパンプキン
各1個270円

外側はカリッと中はもっちりの食感がたまらないクリスピーバウムクーヘン。ソフトバウムクーヘンはしっとり食感のやわらかいタイプで、味は北海道らしいメロンやカボチャなどがある

美瑛郊外 | **イートインOK** | **席：10席**

めるる
MERLE **①**

厳選素材のかわいらしいスイーツ

パッチワークの路（☞P44）沿いにあるパティスリーカフェ。道産小麦や平飼いの鶏の卵を使うなど良質な素材に徹底的にこだわっている。ケーキや焼き菓子の種類が豊富なのでおみやげにもよく利用される。イートインも可能。

☎0166-92-5317 🏠美瑛町美田第3 🕐13〜18時 🈖火・水・木曜（GW期間中と祝日は営業、冬期休業あり）🚉JR美瑛駅から車で10分 🅿10台 (MAP)P139A2

富良野駅周辺 | **テイクアウトのみ**

はうす ふぉん ふらう くろさわ
Haus Von Frau Kurosawa **②**

独自製法のバウムクーヘンが話題

道産食材を使ったバウムクーヘン専門店。独自製法で2層に焼き上げた珍しいクリスピーバウムクーヘンが一番人気。北海道らしい赤肉メロンやえびすカボチャをバウムクーヘンの味にしたのはここならではのアイデア。

☎0167-56-7508 🏠富良野市末広町8-1 🕐10〜18時（GW・7月中旬〜8月末・シルバーウィークは10〜19時）🚉JR富良野駅から徒歩7分 🈖無休（10〜4月は水曜）🅿1台 (MAP)P138A1

③

ふらの牛乳プリン
1個350円
より生乳に近いノンホモの富良野牛乳を原材料にした「ふらの牛乳プリン」は層によって味が変化する

ドゥーブルフロマージュプチ
ドゥーブルショコラプチ
各1個400円

ベイクドチーズとマスカルポーネの2層の味が楽しめるチーズケーキとそのショコラ版

④

フラノモチ
110円
塩味のきいた富良野産赤エンドウ豆入りのこし餡の入った餅。両面がほんのり焼かれていて香ばしい

⑤

ふらの
みつばちさんの
リング
200円

ふらの
バターもーっち
1個240円

持ち運びにしやすいサイズでおみやげにもピッタリな地元素材のスイーツ

富良野・美瑛 ● 感動スイーツ

| 富良野郊外 | イートインOK 席：62席 |

かしこうぼうふらのでりす
菓子工房フラノデリス ③

ふらの牛乳プリンで有名

とろける口溶けの「ふらの牛乳プリン」でよく知られているスイーツ店。小さな牛乳瓶をイメージした容器がかわいらしい。道産チーズを使った「ドゥーブルフロマージュ」も人気。

☎0167-22-8005 🏠富良野市下御料2156-1 🕐10～18時（カフェコーナーは～17時30分） 🈺火・水曜（祝日と毎月1日は営業） 🚃JR富良野駅から車で12分 🅿20台
MAP P138A3

| 富良野郊外 | イートインOK 席：100席 |

かんぱーなろっかてい
カンパーナ六花亭 ④

人気メーカー「六花亭」の直営店

全国的に有名な北海道ブランド「六花亭」の直営店。大窓から十勝岳が一望でき、併設の喫茶室ではビーフシチューや雪こんチーズが味わえるほか、お茶もできる。ここでしか買えないお菓子もあるのでチェック。

☎0120-12-6666（六花亭） 🏠富良野市清水山 🕐10時30分～16時（季節により変動あり） 🈺無休 🚃JR富良野駅から車で10分 🅿200台
MAP P138A3

| 富良野駅周辺 | テイクアウトのみ |

ふらのびじゅー
furano bijou ⑤

焼き菓子が豊富

できるだけ富良野産の素材にこだわったスイーツを販売している。ハチミツやワインなどの素材を生かし、「食べた人に笑顔になってもらいたい」という思いで作り続けているスイーツショップ。

☎0167-56-7627 🏠富良野市花園町2-17 🕐10～19時（季節により変動あり） 🈺水曜、ほか臨時休業あり 🚃JR富良野駅から徒歩10分 🅿3台 MAP
P138A1

食材の良さが際立つスイーツが豊富な富良野・美瑛エリアでは限定スイーツも多くあるのでお土産に喜ばれるはず。

富良野・美瑛のおすすめスポット

ファームレストラン千代田
ふぁーむれすとらんちよだ

ブランド牛「びえい和牛」の料理を提供

「ファームズ千代田」で一貫生産で育った黒毛和牛だけに付けられる「一牧場一銘柄のブランド牛」のメニューを提供。希少部位を使ったステーキや、搾りたて牛乳を使ったクラムチャウダーがおすすめ。**DATA** ☎0166-92-1718 住美瑛町字水沢春日台4221 ⏰11〜20時（※季節により変動あり、要電話確認）休無休 交JR美瑛駅から車で約10分 P40台 MAP P139B3

「びえい和牛と旬菜のシチュー」1980円

ここの牛乳はジャージー牛のプレミアムミルク

パン工房小麦畑
ぱんこうぼうこむぎばたけ

道産小麦100%使用の香ばしいパン

美瑛産小麦100%の小麦本来の風味を大切にしたパンを販売。素材もできるだけ北海道産・美瑛産を使っているので安心・安全。**DATA** ☎0166-92-5455 住美瑛町大村大久保協生 ⏰9〜16時(7・8月は〜17時) 休1〜3月は月〜金曜、4〜12月は水・木・金曜 交JR美瑛駅から車で5分 P10台 MAP P139B2

ハイランドふらの
はいらんどふらの

一面のラベンダーと温泉を楽しめる

天然温泉の宿泊施設で、夏は露天風呂から十勝岳連峰や広大なラベンダー畑を眺められる。温泉に癒やされながら四季の彩りを感じられるスポット。**DATA** ☎0167-22-5700 住富良野市島ノ下 ¥入園無料、日帰り入浴600円 散策自由、日帰り温泉は6〜21時（最終受付は20時30分）休不定休 交JR富良野駅から車で15分 P250台 MAP P138A2

スイノカゴ／喫茶 木と星
すいのかご／きっさ きとぼし

美瑛牛乳のソフトクリームが人気

「飲むコーヒーゼリーソフト」680円

季節ごとに変わるサンドイッチや、牛乳本来の豊かな風味と濃厚な味わいを感じられる美瑛牛乳使用のソフトクリーム、炭火焙煎で深みのあるコーヒーなどが味わえる。ソフトクリームは5〜9月の限定。**DATA** ☎080-4505-9983 住美瑛町中町1-4-3 ⏰11時30分〜17時 休水・木曜 交JR美瑛駅から徒歩4分 P近隣の公共駐車場 MAP P139C4

テイクアウト専用カウンターがあるので気軽に買える。「美瑛産小豆あんサンド」540円が人気

四季の情報館
しきのじょうほうかん

美瑛観光の情報発信の拠点

パンフレットなどの観光情報を提供している施設。観光スポットを周遊するバスのチケット販売や荷物を預けられるコインロッカー等も完備。美瑛駅のすぐそばにあり、観光の拠点として便利。**DATA** ☎0166-92-4378 住美瑛町本町1-2-14 ⏰8時30分〜19時（5・10月は〜18時、11〜4月は〜17時）休無休 交JR美瑛駅からすぐ P公共駐車場 MAP P139C4

道の駅「丘のくら」
みちのえき「おかのくら」

大正ロマンを感じる石造りの道の駅

大正初期に建設された美瑛軟石造りの倉庫を改装してつくられた、とても風情のある道の駅。美瑛食材にこだわった食堂や農産加工品を販売。2階では美瑛に縁のある人物の個展などを定期的に開催。**DATA** ☎0166-92-0920 住美瑛町本町1-9-21 ⏰9〜17時（6〜8月は〜18時、食堂は11時〜14時30分LO）休無休 交JR美瑛駅から徒歩3分 P36台 MAP P139C4

町内の作家さんたちの作品や農産加工品を販売

美瑛の特産品やおみやげもたくさん揃う

みやまとうげあーとぱーく
深山峠アートパーク

眺めのいい峠の体験型ミュージアム

上富良野町と美瑛町の中間付近にある深山峠に突如現れる観覧車が目印。家族で楽しめる「トリックアート美術館」もある。**DATA ☎**0167-45-6667 **住**上富良野町西8線北33号深山峠 **料**美術館入館1300円、観覧車600円 **時**9～17時（※季節により変動あり、最終入館は閉館30分前まで）**休**4～11月は不定休・12～3月の冬期休業 **交**JR上富良野駅から車で12分 **P**200台 **MAP**P139B4

不思議な「トリックアート美術館」は必見！

観覧車からは十勝岳が一望できる

ぼうがくだい
望岳台

十勝岳と上富良野盆地を一望

標高930mのビュースポット。大雪山国立公園十勝岳本峰の真下にあり、上富良野盆地や十勝岳など、雄大な大自然が手に取るように見える。夏は十勝岳周辺の登山基地にもなる。**DATA ☎**0166-92-4316（美瑛町役場総務課）**住**美瑛町白金 **料**入場無料（1月上旬～4月下旬は道路閉鎖）**交**JR美瑛駅から車で40分 **P**50台 **MAP**P141C2

たくしんかん
拓真館

四季折々の美瑛を美しい写真で紹介

世界に知られる風景写真家・前田真三氏とその息子の晃氏の作品が並ぶギャラリー。美瑛の美しい風景をおさめた写真を中心とした作品が数多く展示されている。**DATA ☎**0166-92-3355 **住**美瑛町拓進 **料**入場無料 **時**9～17時（4月・11～1月は10～16時）**休**水曜（祝日は開館、最終入館は閉館15分前まで）**交**JR美馬牛駅から車で7分 **P**80台 **MAP**P139B3

ふらのわいんはうす
ふらのワインハウス

富良野の景色一緒にワインと食事を

チーズフォンデュやステーキと地元のふらのワインを楽しめる地産地消のモダンなレストラン。旬の富良野産野菜を使ったメニューが豊富。大きな窓からはのどかな景色が楽しめる。野外公園でのBBQも格別。ふらのワイン工場（☞P37）から徒歩5分。**DATA ☎**0167-23-4155 **住**富良野市清水山 **時**11～21時 **休**無休 **交**JR富良野駅から車で5分 **P**22台 **MAP**P138A3

旬野菜に富良野産チーズをたっぷりと

窓からはのどかな田園風景と十勝岳連峰が望める

こうむぎしょくどう
香麦食堂

高い天井が倉庫のような内装の食堂

道の駅びえい「丘のくら」内にあるレストラン。一番人気の「美瑛カレーうどん」を始め、美瑛豚を使った「美瑛豚テキディッシュ」、美瑛産ジャガイモの「びえいコロッケ定食」など、地元食材を使用したメニューが揃う。**DATA ☎**0166-92-0920（道の駅びえい「丘のくら」）**住**美瑛町本町1-9-21 **時**11時～14時30分LO **休**無休 **交**JR美瑛駅から徒歩3分 **P**36台 **MAP**P139C4

旬の素材が具になる「美瑛カレーうどん焼きめん」950円

大正時代の石造倉庫を改装した趣のある店内

ふぁみりーれすとらん だいまる
ファミリーレストラン だいまる

美瑛産小麦使用のコシのあるうどん

美瑛産小麦、美瑛産野菜・豚肉など、徹底的に美瑛産にこだわるレストラン。人気の「カレーうどん」はつけ麺、焼麺、かけ麺などで楽しめる。**DATA ☎**0166-92-3114 **住**美瑛町中町1-7-2 **時**11～15時LO、17時～19時30分LO）**休**水曜 **交**JR美瑛駅から徒歩5分 **P**15台 **MAP**P139C4

📖 広大なエリアなので、移動はレンタカーがおすすめです。

フラノ時間をもっと楽しくアクティブに！
富良野で泊まりたいホテル

リゾートホテルも駅チカホテルも旅のスタイルに合わせてセレクトできるのが
富良野の魅力。旅のスタイルに合わせてチェック。

中御料

しんふらののぷりんすほてる
新富良野プリンスホテル

富良野観光の拠点
施設充実の大型リゾート

温泉やショッピング、地産地消のレストランなど施設の充実したリゾートホテル。十勝岳連峰を望める場所に位置しており、敷地内には森や緑も多いので大自然の中でラグジュアリーに過ごせる。ツリートレッキングやセグウェイ体験などアクティビティも充実。ドラマのロケ地でもあり富良野の雰囲気を存分に感じられる。

☎0167-22-1111 🏠富良野市中御料 🚃JR富良野駅から車で10分 🅿送迎なし 🅿390台 ●鉄筋12階 全407室 ●1988年オープン ●風呂：紫彩の湯（内湯・露天男女各1）MAP P138A3

■緑に囲まれた富良野を代表するリゾートホテル ■西側の客室から大自然が目の前に広がる ■滑らかな泉質の「紫彩(しさい)の湯」

╬料金（一泊朝食付）╬
8588円～（1室3名利用時）
╬時間╬
IN：15時、OUT：11時

Note オススメのポイント
2022年からは2～3月の期間、機能的なワークスペースとアフタースキーが楽しめる「ワーケーションルーム」を開設。

富良野

ふらのほてる
フラノ寶亭留

十勝岳とラベンダーを眺め
優雅にくつろげる癒しの宿

3万5000坪の広大な敷地に25部屋のみ、という絶対的な解放感を感じられるホテル。全室バルコニー付きで十勝連峰が一望でき、敷地内には原生林や季節の花々が咲き乱れ自然豊かな環境に包まれている。食事は地元食材や採れたて自家菜園野菜を使用するなど、富良野の味覚を存分に味わえる洋食を提供。

☎0167-23-8111 🏠富良野市学田三区 🚃JR富良野駅から車で10分 🅿送迎なし 🅿50台 ●鉄筋3階 全25室 ●2006年オープン ●風呂：内湯3 露天1 MAP P138A3

Note オススメのポイント
春夏は色とりどりの花、秋は紅葉と落ち葉の情景、冬は白一色の荘厳な景色に圧倒。いつでも四季彩の豊かさを感じられる。

■広大な敷地内の花畑は6月下旬～7月中旬にラベンダーが満開に ■富良野産食材で作る洋食は「食」と「アート」のコラボ

╬料金（一泊2食付）╬
平日1万2650円～（季節により異なる）
╬時間╬
IN：15時、OUT：11時

富良野 🅱️ゆ🏃

ぼてるなとぅーるゔぁるとふらの

ホテルナトゥールヴァルト富良野

フロアごとに情景が変わる
子ども連れサービスも充実

ドイツ語で「自然の森」を意味するナトゥールヴァルト。ホテルのコンセプトは「旅人の第二の我が家」。子どもとキッズスペースで遊んだり、テラスでのんびり景色を眺めて過ごしたり、ショップでみやげを買ったりと、さまざまな過ごし方ができる。2階にはビジネスの拠点になるワーケーションラウンジも用意。

Note オススメのポイント
「森物語」「風物語」「花物語」「ふらの物語」と、フロアごとに別々の富良野の雰囲気を楽しめるコンセプトフロアになっている。

✛料金（一泊2食付）✛
平日1万2650円〜（季節により異なる）
✛時間✛
IN:15時、OUT:11時

☎0167-22-1211 🏠富良野市北の峰14-46 🚗JR富良野駅から車で8分 🚌送迎なし Ⓟ60台 🏢鉄筋6階 全81室 ●2003年オープン ●風呂:内湯2 露天1 MAP P138A3

1キッズフロア「アソビバ」 2女性向けやファミリー一向けなどさまざまな客室を用意

1モノトーンのスタイリッシュな外観 2夕食は富良野産食材の料理を提供

Note オススメのポイント
多目的ルームの「コンプリホール」は邪魔の入らないリラックス空間。会議室や子ども連れファミリーの食事スペースにおすすめ。

✛料金（一泊2食付）✛
9290円〜（1室2名利用時）
✛時間✛
IN:15時、OUT:10時

☎0167-22-1777 🏠富良野市朝日町1-35 🚗JR富良野駅からすぐ 🚌送迎なし Ⓟ30台 🏢鉄筋7階 全72室 ●2007年オープン ●風呂:内湯1 岩盤浴（女性のみ）サウナ（男性のみ）MAP P138A1

富良野 🅱️ゆ🏃

ふらの なちゅらくす ほてる

FURANO NATULUX HOTEL

JR富良野駅前で好アクセスの
デザイナーズホテル

訪れるゲストに「自然（ナチュラル）」と「くつろぎ（リラックス）」を満喫してほしいと願い付けられたホテル名。客室の枕元には、アロマランプとオイルが用意されているなど、くつろげる心づかいが嬉しい。館内はスタイリッシュで洗練された雰囲気。富良野野菜や肉など、地場産食材を使った料理も美味しい。

富良野 🅱️ゆ🏃

てんねんおんせん しうんのゆ らびすたふらのひるず

天然温泉 紫雲の湯ラビスタ富良野ヒルズ

スキー場から車で15分の立地
温泉とイタリアンで大満足

JR富良野駅からも近く、スキー場へも車で15分の良好アクセスの宿。さまざまな種類の浴槽があり、露天風呂からの眺めも最高なのでゆっくりと浸かっていられる。スキー、スノーボード、自転車などもレンタルできるのでウィンタースポーツを楽しめ、夏は周辺を自転車で周遊することも可能。

Note オススメのポイント
大好評の「夜鳴きそば」無料サービス
毎日22〜23時「夜鳴きそば」を無料提供。夜中に小腹が空いたらあっさり醤油味の「夜鳴きそば」がおすすめ。

✛料金（一泊2食付）1万2190円〜
✛時間✛ IN:15時、OUT:11時

☎0167-23-8666 🏠富良野市朝日町5-14 🚗JR富良野駅から徒歩3分 🚌送迎なし Ⓟ59台 🏢鉄筋9階 全180室 ●2019年オープン ●風呂:内風呂、壺風呂、露天風呂、水風呂、高温サウナ（男性）、ナノスチームサウナ（女性）、うたせ湯 MAP P138A1

1種類の多い大浴場 2夕食は東京銀座の人気イタリアン「Ginsai」がメニューを監修

大自然に囲まれた美瑛ステイ
ゆっくりくつろげる場所はこちら

美瑛の大自然を満喫し、地元のおいしい料理も楽しみたい、そんなわがままを叶えてくれるのはこちらのホテル。

美瑛
しろがねおんせんきょう
もりのりょていびえい

（全室禁煙）

白金温泉郷 森の旅亭びえい

白金温泉を満喫できる
数寄屋造りの宿

白金の森の中にひっそり佇む和の趣たっぷりのおもてなしの宿。数寄屋造りならではの心地いい木の香りと、白金温泉の源泉かけ流しの湯が旅の疲れを癒やしてくれる。どの客室からも白樺やエゾマツ、トドマツなどの森が見られる設計になっており、しんとした静寂と四季折々の風景に包まれて心身ともに休まる時間を過ごせる。

DATA ☎0166-68-1500 ⊕美瑛町字白金10522-1 ⊗JR美瑛駅から車で25分 ⊕送迎あり ℗17台 ●木造2階 全17室 ●2010年オープン ●風呂:内湯2・露天1 ※露天風呂付き客室もあり **MAP**P141C1

❶日本の伝統的な建築様式の数寄屋造りの棟が並ぶ湯宿 ❷露天風呂付きの離れ棟の客室は5室 ❸美瑛産の米や野菜、肉などを使ったコースご膳

Note オススメのポイント

昔から「杖忘れの湯」と呼ばれる「白金の湯」は、神経痛、動脈硬化、皮膚病、便秘などの改善にもおすすめ。

✛料金（1泊2食付）✛
1万8700円～（1室4名和洋室利用時）
✛時間✛
IN:15時、OUT:11時

⬛禁煙ルーム有 🏠部屋食あり ゆ大浴場あり ✨エステあり ♨源泉かけ流し 🛏ひとり宿泊OK

1 童話に出てくる村のようなかわいらしいロケーション 2夕食の一例「美瑛もち豚のロースト」

美瑛

すぷうんたにのざわざわむら

スプウン谷のザワザワ村

丘の真ん中に5棟だけ
かわいらしい小さな隠れ村

まるで絵本の中に入り込んだかのような世界観の、1棟貸しの2階建てカントリー・コテージ。古家をいかして、オーナーが少しずつ手づくりしたこのコテージは、広々とした丘に家屋がポツポツと点在する、ほっこりとした風景の中に佇んでいる。地元食材や自家農場の野菜を使った夕食もおいしいと評判。

Note オススメのポイント

宿の周りにはオーナーが経営している「ひとさじ農場」の畑の景色が広がる。のどかな景観も含めて、村を自分たちで造り出している。

✛料金（1泊2食付）✛
平日2万1000円～
（夕食はプラス4800円）
✛時間✛
IN：15時、OUT：10時

DATA☎0166-92-7037 住美瑛町字大村大久保協生 交JR美瑛駅から車で5分 送迎なし P10台 ●鉄筋 全5棟 ●2007年オープン ●風呂：各棟にバスルームあり MAP P139B2

1 美瑛軟石を使ったシックな雰囲気の外観
2 美瑛の赤麦畑と新緑をイメージした客室

Note オススメのポイント

ホテルの隣は道の駅びえい「丘のくら」（☞P60）。屋内通路でつながっているので出かけずにおみやげや美瑛特産品などが購入できる。

✛料金（1泊朝食サービス）✛
シングル6000円～、
ツイン1万1000円～
✛時間✛
IN：15時、OUT：10時

DATA☎0166-92-5555 住美瑛町本町1-9-21 交JR美瑛駅からすぐ 送迎なし P20台（道の駅と併用） ●鉄筋2階 全21室 ●2017年オープン ●風呂：ユニットバスルーム MAP P139C4

美瑛

ほてる・らゔにーる

ホテル・ラヴニール

美瑛から大雪山系に続く
絶景が楽しめるホテル

大雪山噴火の火砕流によってできた美瑛軟石造りの道の駅に併設されたホテル。四季折々の花を愛でられ小鳥のさえずりがBGMになる、そんな癒しの環境にある。1階にある「テラス・ド・セゾン」では新鮮な美瑛産食材を多く取り入れたメニューを提供。窓から見える大雪山系の眺めも素晴らしい。客室はツインとデラックスツインの2タイプを用意。

美瑛

おーべるじゅてふてふ

オーベルジュてふてふ

写真家・ケント白石氏による
こじんまりとした隠れ家宿

美瑛の風景を撮り続けている写真家、ケント白石氏が経営するオーベルジュ。宿泊対象が中学生以上なので、静かに過ごしたい人にはオススメ。美瑛産食材を使った料理には定評があり、食事目当てのリピーターも多数。光明石温泉の内風呂・露天風呂ともに貸切可能。ケント白石氏の写真の展示もある。

DATA☎0166-92-5137 住美瑛町美沢双葉 交JR美瑛駅から車で15分 送迎あり P7台 ●木造2階 全4室 ●2002年オープン ●風呂：貸切2 MAP P139C3

1 美瑛の丘にたたずむかわいらしい木造の建物
2 地元産の新鮮野菜と焼きたてクロワッサンの朝食

Note オススメのポイント

宿泊のオプションとしてケント白石氏による、撮影スポットガイドや撮影指導も実施している。貴重な体験を楽しめる。※要電話予約

✛料金（1泊2食付）✛
1万7600円～（1室2名利用時）
✛時間✛
IN：16時、OUT：10時

北海道のサウナがアツい！サウナの聖地「吹上温泉保養センター 白銀荘」

全国的にも注目されているサウナ。なかでも北海道は人気の施設が多数あります。サウナーの間でも「聖地」と呼ばれている「吹上温泉保養センター 白銀荘」をご紹介します。

ととのいポイント
熱々のストーンに水をかけるセルフロウリュで発汗作用が高まる！

1 サウナでは肌に優しい温度と穏やかなヒバの香り漂う蒸気に癒やされる 2 開放感あふれる露天風呂で爽やかな外気浴を満喫 3 内風呂の主浴槽である岩風呂はジャグジーもある 4 冬は雪化粧した十勝岳を望みながら雪見露天を楽しめる

ふきあげおんせんほようせんたー　はくぎんそう
吹上温泉保養センター 白銀荘

大雪山系の中腹にある大自然の中の温泉宿。内風呂には自然素材を生かしたヒバの浴槽や岩風呂などがあり、露天風呂は開放感たっぷりで山の自然をそのまま感じられる。サウナではロウリュも可能で、水風呂には十勝岳の天然水を使用。

DATA ☎0167-45-4126 住上富良野町吹上温泉 交JR上富良野駅から車で25分 送迎なし ¥日帰り入浴 700円 時10〜22時（最終受付21時）休無休 P70台 MAP P141C2

✛宿泊料金（食事は自炊）✛
3100円
（11月1日〜4月30日までは別途暖房料1泊150円）
✛時間✛
IN:15時、OUT:10時

なぜサウナがアツいのか？

近年、食事・運動・睡眠といった「免疫力アップ」の方法などが各種メディアで注目されました。免疫力を高める効果やメンタルの安定などの効果が期待できるサウナも注目され、自粛が緩和された時期にはひそかにブームとなったそうです。
ここ北海道はその土地柄を活かしたサウナが数多くあり話題を集めています。

大人気の動物園や名物ラーメン、北海道第2の都市 旭川へ

旭川は、動物のイキイキとした姿が大人気の旭山動物園、北国の美しい野草や草花に出あえるガーデン、さらに札幌・函館と並び北海道3大ラーメンの旭川ラーメンなど、魅力がたっぷり。のんびりドライブしながら楽しんでみて。

これしよう！
旭山動物園で
空飛ぶペンギンを見よう！
年間140万人が訪れる「旭川市旭山動物園」(☞P70)。約15万㎡の敷地内には、約100種類の動物たちが暮らす。一度はぜひ訪れたい。

これしよう！
実はすごい？旭川の夜景
標高330mの「旭川サンタプレゼントパーク」の山頂に立つ展望タワー「ニコラス展望タワー」(☞P77)からのロマンチックな夜景を見に行こう。

これしよう！
美しい北国ガーデンを楽しもう！
ガーデナーの上野砂由紀さんが手掛けた北国の気候を生かしたガーデン「上野ファーム」(☞P72)は宿根草を中心とした庭。一見の価値あり！

北海道第2の都市

旭川
あさひかわ

こんなところ
旭川空港を有し、函館本線や富良野線などJRの4線が乗り入れる、札幌に次ぐ北海道第2の都市。ユニークな展示方法で人気の旭山動物園と北海道3大ラーメンの一つ、旭川ラーメンが有名。また美しい観光庭園も見どころの一つ。

access
●旭川空港から
【バス】旭川電気軌道（バス）で旭川駅まで40分

問合せ
☎0166-26-6665
旭川観光物産情報センター

広域MAP
付録 裏D2〜F3

～旭川 はやわかりMAP～

ニコラス展望タワー
(☞P77)

高砂酒造 明治酒造
(☞P79)

上野ファーム
(☞P76)

旭川市旭山動物園
(☞P70)

旭川

老舗酒造で見学&買い物を
明治32年(1899)年創業の高砂酒造 明治酒蔵(☞P79)。直売店では代表銘柄「国士無双」ほか蔵元限定酒が揃う。

花を眺めながらお茶も
上野ファーム内にはカフェも併設されているので、お花を眺めながら、くつろぎの時間を過ごせる。

観光のヒント
ビジネスホテル利用も◎
旭川駅周辺には手頃なビジネスホテルが多数。素泊まり利用で夜に旭川グルメを堪能するのもおすすめ。

おすすめ旭川スポット

やっぱり外せない!
旭川ラーメン

北海道3大ラーメンの一つ「旭川ラーメン」(☞P74)。豚骨&魚介スープの醤油味が中心だが、味噌メインの店も要チェック。

ますます進化する
北の動物園

迫力満点のダイブを見せるホッキョクグマやマリンウェイのアザラシなど目が離せない旭山動物園。夏はもちろん冬も楽しさ満点。

旭川駅直結の
憩いのガーデン

旭川駅直結の全国的にも珍しい駅直結の庭園「あさひかわ北彩都ガーデン」(☞P77)。10種の花壇があり、「アウネの広場」には約8万本の宿根草が。

ますますパワーアップする北の動物園 旭山動物園をご案内します。

日本最北の動物園「旭川市旭山動物園」。年間140万人が訪れる動物園の約15万㎡の敷地には、約100種類の動物たちが暮らしています。そんな動物園の人気動物たちと楽しみ方をご紹介します。

楽しむポイント① 行動展示

野生の能力を引き出す行動展示は、ガラス張りの水中トンネルなど盛りだくさん。

楽しむポイント② 冬の動物園

積雪はもちろん、気温もマイナス20度以下になる旭川の冬でもイキイキと暮らす動物たちを観察できる。

楽しむポイント③ もぐもぐタイム

活発な動きや旺盛な食欲に感心しながら、飼育スタッフの解説を聞く。所要10〜20分。

あさひかわしあさひやまどうぶつえん

旭川市旭山動物園

進化し続ける人気動物園
間近で動物たちを観察できる

空を飛ぶように泳ぐペンギン、豪快にダイブするホッキョクグマなど野生動物本来の生態や能力を目前で観察できる日本屈指の動物園。2022年に大型施設として9年ぶりに新設された「えぞひぐま館」では、ヒグマの生態や特徴を学べるほか、ヒトとヒグマの生活圏が近いことなども考えさせられる。

旭川市旭山動物園DATA

☎0166-36-1104 🏠旭川市東旭川町倉沼 💴入園1000円(中学生以下無料) 🕐9時30分〜17時15分、最終入園16時(10月中旬〜11月上旬は〜16時30分、最終入園16時。11月中旬〜4月上旬は10時30分〜15時30分、最終入園15時) ※年によって変更あり 🈺開園期間中は無休 🅿無料500台 🅼🅰🅿 P140C2

●JR旭川駅から
🚌 **バス**:旭川電気軌道バス旭山動物園行きで40分、旭山動物園下車すぐ
🚗 **クルマ**:一般道、国道39号、道道140号経由で11km

●旭川空港から
🚌 **バス**:旭川電気軌道バス旭山動物園行きで35分、旭山動物園下車すぐ
🚗 **クルマ**:道道37・295号など経由で14km

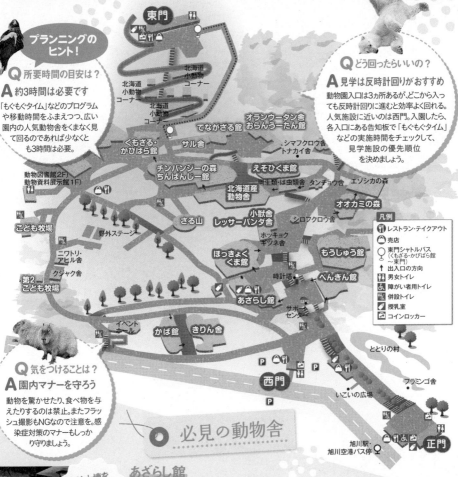

プランニングのヒント！

Q 所要時間の目安は？

A 約3時間は必要です
「もぐもぐタイム」などのプログラムや移動時間をふまえつつ、広い園内の人気動物舎をくまなく見て回るのであれば少なくとも3時間は必要。

Q どう回ったらいいの？

A 見学は反時計回りがおすすめ
動物園入口は3カ所あるが、どこから入っても反時計回りに進むと効率よく回れる。人気施設に近いのは西門。入園したら、各入口にある告知板で「もぐもぐタイム」などの実施時間をチェックして、見学施設の優先順位を決めましょう。

東門

北海道小動物コーナー
北海道小動物コーナー
北海道小動物コーナー
てながざる館
オランウータン舎 おらんうーたん館
くまざる・かびばら館
サル舎
シマフクロウ舎 トナカイ舎
動物図書館(2F) 動物資料展示館(1F)
チンパンジーの森 ちんぱんじー館
えぞひぐま舎
両生類・は虫類舎
タンチョウ
北海道産動物舎
エゾシカの森
こども牧場
さる山
小獣舎 レッサーパンダ舎
ホッキョクギツネ舎
シロフクロウ舎
オオカミの森
野外ステージ
ニワトリ・アヒル舎
クジャク舎
もうじゅう館
第2 こども牧場
ほっきょくくま館
ぺんぎん館
時計塔
あざらし館
サポートセンター
イベントホール
かば館
きりん舎
西門
ととりの村
いこいの広場
フラミンゴ舎
正門
旭川駅・旭川空港バス停

凡例

レストラン・テイクアウト	
売店	
東門シャトルバス (くまざる・かびばら館〜東門)	
出入口の方向	
男女トイレ	
障がい者用トイレ	
併設トイレ	
授乳室	
コインロッカー	

Q 気をつけることは？

A 園内マナーを守ろう
動物を驚かせたり、食べ物を与えたりするのは禁止。またフラッシュ撮影もNGなので注意を。感染症対策のマナーもしっかり守りましょう。

必見の動物舎

円柱水槽を自在に！陸上ではのんびり

▼飼育スタッフの解説が聞けるのは屋外放飼場。もぐもぐタイムはみんな魚に夢中

あざらし館
北海道近海に生息するゴマフアザラシ。大水槽のほか、北海道の漁港をイメージした屋外放飼場では、保護されたオオセグロカモメを共生展示している。

ほっきょくぐま館
巨大プールがある放飼場と堀を利用した柵のない放飼場の2カ所で展示。陸上をノシノシ歩く姿や水にダイブしたり、水中を泳いだり、遊具で遊んだりする姿などさまざま姿を観察できる。

その大きさを実感できる展示。豪快なダイブも

展示している動物たちの周辺には興味深い解説板や飼育スタッフの愛ある動物紹介があるので要チェック！

まだまだあります。
必見動物舎とおすすめみやげ

動物たちがイキイキ動く様子に感動する旭山動物園。
まだまだあるおすすめの動物舎と、動物園ならではおみやげをセレクト。

必見の動物舎

▶体が大きいため動きもダイナミックなキングペンギン

ぺんぎん館

キングペンギンやジェンツーペンギンなど4種類を飼育している。水中トンネルでは、まるで空を飛んでいるかのように機敏に泳ぐ姿を眺められる。

その美しさにくぎ付けに！空飛ぶペンギン

▲冬期の積雪時に実施される「ペンギンの散歩」。実施の有無は公式サイトで

▶屋外放飼場の陸上部分で実施される「もぐもぐタイム」。4種のペンギンたちはそれぞれマイペースでみんな動きが異なるので要チェック

野生動物とヒトとの距離感を考える

えぞひぐま館

北海道の動物たちを集めたエリアの中心に位置するように建てられた。ヒトと野生のクマの距離感を考えるきっかけとなってほしいという願いが込められている。本来のクマの生息地に近い環境が作られており、水が流れ、エゾヤマザクラやカシワなどの木々が植えられ、土も入れられている。

▲とんこ推定23歳が1頭で暮らす。新しい環境に慣れたら外の放飼場にも登場する予定

◀「えぞひぐま館」の外の放飼場。ガードレールより向こうはクマの世界。人間とクマの住みかがとても近いことを意味しているそう

動物園ならではの キュートなみやげ

公式カプセルトイも チェック！

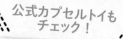
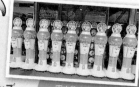

園内数カ所に、行動展示をフィギュアにしたカプセルトイがあり、つくりがとてもリアル。

左：アイスボックスクッキー ゴマフアザラシ
540円（12枚入）
右：コロロンあざらしくん
350円（8枚入）Ⓒ
アザラシのパッケージがかわいいクッキー2種

鼻セレブ プチ
509円（3箱）ⒷⒸⒹ
小さなティッシュボックス。園内売店だけの限定販売

オフィシャルグッズ カプセルZOO
1回500円 ⒶⒷⒸⒹ
マリンウェイのアザラシやペンギン、カバなど種類も豊富

あさひやまどうぶつえん クリームサンドクッキー
864円（9枚入）Ⓒ
9枚のイラスト入りクッキーにコースター1枚付き

こっちデニムトート
2550円 Ⓓ
ホッキョクグマの「こっち」看板がデニム生地のトートバッグに

旭山動物園 オリジナルコットン巾着
各550円 Ⓒ
ホッキョクグマ、アザラシ、ペンギン、レッサーパンダの4種

お手玉 マヌルネコ・フクロウ・シロフクロウ
各770円 ⒶⒷⒹ
マヌルネコやフクロウが丸っこいお手玉に

SHOP DATA
※下記ショップの営業時間と休みは旭山動物園に準じます

ずーきっちん あんどずーしょっぷ こころ
Zooキッチン &Zooショップ Co・Co・Lo Ⓐ
正門を入ってすぐ左にある食堂と売店。キッチンは地元食材にこだわったメニューが並ぶ。
☎0166-74-7261 ⓂⒶⓅ P140C2

あさひやまどうぶつえんくらぶ せいもんばいてん
旭山動物園くらぶ 正門売店 Ⓑ
「旭山動物園くらぶ」のオフィシャルショップ。オリジナルみやげを販売。
☎0166-36-5181 ⓂⒶⓅ P140C2

あさひやま ずーしょっぷあんどちゅうおうしょくどう
Asahiyama Zoo shop &中央食堂 Ⓒ
動物園のほぼ中央に位置しており利用しやすい。ここではオリジナル商品を要チェック。
☎0166-36-4190 ⓂⒶⓅ P140C2

あさひやまどうぶつえんくらぶひがしもんしょっぷ
旭山動物園くらぶ 東門Shop Ⓓ
絵本作家 あべ弘士さんのギャラリーがあり、あべ弘士さんグッズの充実度はここが一番。
☎0166-36-5171 ⓂⒶⓅ P140C2

📖 旭山動物園の元飼育員で『あらしのよるに』などで知られる絵本作家・あべ弘士さんのイラストが園内各所に使われています。

北海道名物ラーメンの一つ 旭川ラーメンはいかが

寒い風土に合わせた、こってり系の濃厚醤油スープが主流の旭川ラーメン。
老舗から個性派店まで多数揃っているので、ぜひ地元の味を堪能しましょう。

あっさりとした味わいと深いコク

正油らぅめん 850円
大きなチャーシューはやわらかくてトロトロ。やや細めの自家製麺がスープとよく絡む。

🚗旭山動物園から車で15分

あさひかわらぅめんあおばほんてん
旭川らぅめん青葉本店

旭川の気候に合うスープを考案した初代が昭和22年（1947）に屋台から始めた店で、旭川ラーメンの草分け的存在。海の幸と陸の幸を使用したWスープに野菜を加えて煮だす特製スープは、創業以来変わらぬ味わい。

☎0166-23-2820 🏠旭川市2条8丁目緑橋ビル名店街1階 🕐9時30分〜17時30分 🈺水曜（祝日の場合は翌日）🚃JR旭川駅から徒歩8分 Ｐなし MAP P140B4

旭川ラーメンって？

濃い味を好む旭川の人たちの味覚に合わせた醤油味で、冷めにくいように表面をラードが覆っているのが特徴。スープは豚骨に魚介系のダシを加えたもので、低加水の縮れ麺がよく合う。「旭川ラーメン」の名前が定着したのは戦後のこと。

プラス120円で味玉付きに！

🚗旭山動物園から車で15分

ばいこうけん ほんてん
梅光軒 本店

北海道内だけでなく海外にも店舗を構える人気店。動物系と魚介系のWスープは、こってりしているのに完飲できてしまうほど後味があっさり。通常よりも縮れが強い中細縮れ麺との相性は抜群。

☎0166-24-4575 🏠旭川市2条8丁目買物公園ピアザビル地下1階 🕐11〜15時LO、17時〜20時30分LO（日曜、祝日は〜20時30分LO）🈺月曜 🚃JR旭川駅から徒歩6分 Ｐ契約駐車場利用（1500円以上の飲食で1時間無料）MAP P140B4

醤油ラーメン 800円
自慢のモモ肉チャーシューに使った特製醤油ダレとWスープを合わせた奥深いコクが特徴。

表面を覆う焦がしラードがクセになる！

旭川ラーメンの人気店が一堂に
青葉や梅光軒など、旭川ラーメンを代表する8店舗が集結する「あさひかわラーメン村」。各店にはハーフサイズもあるので食べ比べも。
☎0166-48-2153 **MAP** P140B1

仕上げの背脂がスープに風味＆コクをプラス！

しょうゆラーメン 800円
仕上げに垂らす焦がしラードが香ばしく、スープが独特の味わいに。

🚗旭山動物園から車で30分

はちや ごじょうそうぎょうてん
蜂屋 五条創業店

昭和22年（1947）創業の老舗。スープは、旭川ラーメン定番の豚骨と魚介系のWスープで、魚介の香りがふわりと口の中に広がる。
☎0166-22-3343 🏠旭川市5条通7丁目右6号 🕐10時30分～19時50分LO 🈺木曜（要確認）🚃JR旭川駅から徒歩15分 🅿5台 **MAP** P140B3

しょうゆら～めん 850円
こってり系に見えるWスープは、意外とさらりとした味わい。

🚗旭山動物園から車で13分

らーめんみかづき
らーめん三日月

地元のラーメン好きが通う店。ダシそのものの味が感じられる雑味のないWスープと、縮れが少なく、ややストレートな中太麺が絶妙。
☎0166-35-1510 🏠旭川市3条通22丁目1973西屋ビル1階 🕐11～15時、17～20時（スープがなくなり次第終了）🈺月曜（祝日の場合は翌日）🚃JR旭川駅から車で5分 🅿23台 **MAP** P140B2

味噌ラーメン好きにおすすめのピリ辛

黒味噌 970円
生葉ビタミンを含み、自家製のとろけるチャーシューや煮卵も美味。

🚗旭山動物園から車で15分

らーめんせんかくさび
らーめん専科くさび

全国から取り寄せた味噌をブレンドした「黒」「赤」など5種類の味噌ラーメンが自慢。いずれも濃厚だが、すっきりとしたおいしさ。
☎0166-55-3121 🏠旭川市末広東3条6丁目3-9 🕐11～14時LO、17時～19時30分LO 🈺火・水曜（祝日の場合は営業）🚃JR旭川駅から車で20分 🅿7台 **MAP** P140B1

旭川駅周辺

くれたイン旭川

蜂屋 五条創業店 P.75

旭川らうめん青葉 本店 P.74

梅光軒 本店 P.74

ホテルメイツ旭川

北彩都病院

旭川駅

📖 北海道3大ラーメンとは旭川ラーメン、札幌ラーメン、函館ラーメン。これに釧路ラーメンを加え、北海道4大ラーメンといわれることも。

ガーデンあり、十勝連峰一望の絶景ロードあり
旭川近郊の穴場観光スポット

旭川の見どころは、旭山動物園だけではありません。
北国ならではのガーデンや絶景ロードなど魅力的スポットがたくさん。

▲まるでノーム（小さな妖精）が住んでいるかのような「ノームの庭」

うえのふぁーむ　　　　　　ガーデン
上野ファーム

北国の気候を生かした
ドラマチックな庭園

園芸家の上野砂由紀さん一家が
英国の庭づくりを参考に、北国に
根付く宿根草を中心に庭づくりし
たドラマチックなガーデン。自然
風庭園「ノームの庭」や左右対称
に植物を植えた「ミラーボーダー」
といった多彩なガーデンのほか、
カフェやガーデンショップもぜひ。

☎0166-47-8741 住旭川市永山町
16-186 ¥入園1000円、中学生500円、
小学生以下無料 🕙10〜17時 休期間中
無休（10月下旬〜4月中旬は休園）交JR
桜岡駅から徒歩15分 P80台（団体の場
合は要予約）※カフェ、ショップのみ利用
の場合は入園無料 MAPP140C1

▲「射的山」にはかわいらしいブランコも

春〜秋にかけて季節の花
が次々と開花します
（園芸家 上野砂由紀さん）

▲色とりどりの花が飾られたくつろぎの空間

就実の丘ベスト
シーズン

大雪山と十勝岳連峰にまだ雪が残る5月や山々が紅葉し始める9月など、山と丘陵地帯との季節が移りゆくタイミングが幻想的です。

旭川●旭川近郊の穴場観光スポット

あさひかわきたさいとがーでん

`ガーデン`

あさひかわ北彩都ガーデン

忠別川沿いに広がる旭川駅直結のガーデン

約12万㎡の敷地内に10種類の花壇がある、全国的にも珍しい駅直結の庭園。「アウネ広場」には約8万株の宿根草が咲き誇り、旭川の工芸品「優佳良織」ゆうからおりをイメージした「川のボーダー花壇」やスイセンやアヤメの群落が涼しげな「水路メドウ」が広がる。6月にはアリウムが満開となるベストシーズンを迎えるほか、7〜8月には夏を代表する宿根草のモナルダやエキナセアが咲くなど、さまざまな花を楽しめる。

☎0166-74-5966(ガーデンセンター) 🏠旭川市宮前2条1丁目 💴🕐🏖見学自由 🚉JR旭川駅直結 🅿ガーデンセンター横53台 🗺P140B2

1花を織物のように重ねた「川のボーダー花壇」
2さまざまな表情の花壇のほか売店もある

しゅうじつのおか

`絶景ロード`

就実の丘

絶景が広がる標高360mの隠れた観光名所

旭川市街の遠景や大雪山連邦の主峰、十勝岳連峰も一望できる丘陵地。まっすぐ一直線にのびる道は、まるでジェットコースターのよう。雄大な北海道ならではの絶景を求めて、全国から多くの観光客が足を運ぶ。

☎0166-25-7168(旭川市観光課) 🏠旭川市西神楽4線31号 🚉JR旭川駅から車で30分 🅿なし※近隣の畑の侵入禁止 🗺P139B2

1木々が色づく紅葉のシーズンもおすすめ
2アップダウンが続く一本路。奥には大雪山がそびえる

にこらすてんぼうたわー

`絶景スポット`

ニコラス展望タワー

旭川の夜景を楽しめる絶景スポット

標高330mのスキー場「旭川サンタプレゼントパーク」の山頂に立つ、旭川市唯一の展望タワー。さらにエレベーターで50m上がった展望室からは360度見渡すことができ、眼下には旭川の街並みや大雪山などが一望できる。ロマンティックな夜景を楽しめる夜も魅力的。

☎0166-63-3232 🏠旭川市神居町富岡555番地2 💴入場普通車1000円 🕐18〜21時(完全予約制) 🏖不定休(10月中旬〜6月上旬まで閉鎖) 🚉JR旭川駅から車で15分 🅿20台 🗺P140A2

1車専用登山道を利用。来場は車でのみ可能
2ダイナミックな展望室からの眺め

📖 ニコラス展望タワーへの車専用登山道は、徒歩や自転車、バイクなど、車以外での通行は不可です。

ココにも行きたい

旭川のおすすめスポット

あさひかわじんぎすかん だいこくや あさひかわごちょうめてん
旭川成吉思汗 大黒屋 旭川五丁目店

オリジナルタレで肉厚の生ラムを

強い炭火のジンギスカン鍋で楽しむ本場の味

やわらかくクセのない新鮮で肉厚な生ラムと、しょうゆベースのタレが好評のジンギスカン店。七輪の上に置かれたジンギスカン鍋で、本場の味を楽しめる。ラム肉は肩ロースをはじめ、コリコリ食感のラムタンやラムチョップなど、さまざまな部位を揃えるほか、1皿目の焼き野菜がサービスなのもうれしい。**DATA** 住旭川市四条通5丁目1425番地（3・4仲通）☎0166-24-2424 営17時～21時30分LO 休無休（臨時休業あり）交JR旭川駅から徒歩10分 Pなし **MAP**P140A3

大人数もOKの広々とした店内

たいせつじびーるかん
大雪地ビール館

大雪山の静水を生かした地ビール

レトロな雰囲気がただよう一軒

生ラムジンギスカン968円

北海道開拓時代を思わせる、レンガ造りの倉庫をリノベーションした店内で味わえるのは、大雪山系の伏流水を使った地ビールや地場食材を使った料理。ビールは大雪ピルスナーや富良野大麦、季節限定品など4～5種類が揃い、飲み比べもできる。料理はジンギスカンなどの肉料理や魚介料理など豊富で、どれもビールと相性抜群。**DATA** 住旭川市宮下通11丁目1604-1 ☎0166-25-0400 営11時30分～22時 休無 交JR旭川駅から徒歩2分 P有料30台 **MAP**P140B4

おもせぶんあさひかわ ばい ほしのりぞーと
OMO7旭川 by 星野リゾート

旅を楽しむ工夫が満載のホテル

室数限定の「シロクマルーム」

旅行者と地元をつなぐ仕掛けが満載。OMOレンジャー（スタッフ）によるガイドツアー（一部有料）や、旅行者とローカルがつながる、街に開かれたオープンで自由な空間を目指したOMOベースなど、旭川を遊び尽くせるサービスが揃う。「北海道の美しい朝食」をイメージしたOMO7ならではの朝食ビュッフェにも注目を。**DATA** 住旭川市6条通9 ☎0166-29-2666（宿泊予約）Y スーペリアルーム1泊2万4000円～ INT15時 OUT11時 交JR旭川駅から徒歩13分 P67台（有料） **MAP**P140B3

朝食では焼きたてワッフルも登場

旭川のご当地グルメ | ボリューム満点の洋風おにぎり「ジュンドック」を味わう

ジュンドック各360円。定番のエビフライ、チキンカツ、粗挽きソーセージ。

ジュンドックって？

フライにした具材を特製ソースにくぐらせ、ライスで包み込んだ棒状のおにぎり。旭川の隣町・美瑛のレストラン「洋食や 純平」が発祥。

じゅんどっくのぴじょんかん
ジュンドックのピジョン館

揚げたエビフライやチキンカツを秘伝のタレで絡め、ごはんで包んだジュンドックを製造販売。定番の3種のほか、土曜、日曜限定のジュンドックも提供する。**DATA** 住旭川市東光11条2丁目4-22 ☎0166-33-0202 営10～19時（飲食は13時LO）休水曜 交JR旭川駅から車で12分 P20台 **MAP**P140B2

ホテルWBFグランデ旭川
ほてるだぶるびーえふぐらんであさひかわ

旭川駅すぐの天然温泉付きホテル

「天然温泉 みなぴりかの湯」

海鮮丼も作れる朝食ビュッフェ

北海道ならではの食材とメニューにこだわった朝食ビュッフェが人気のホテル。ゆとりのある客室や、5つの内湯と露天風呂、サウナも完備する大浴場が評判。**DATA** 🏠旭川市宮7通10-3-3 ☎0166-23-8000 💴ツインルーム1泊5800円〜（2名1室利用1名あたり、朝食付）🕐IN15時 OUT11時 🚉JR旭川駅から徒歩2分 🅿78台（有料）**MAP** P140B4

井上靖記念館
いのうえやすしきねんかん

昭和の文豪・井上靖の貴重な資料

旭川市出身の作家・井上靖を記念してつくられた博物館。直筆の原稿やノート、文学作品など、約470点の資料を通して井上靖の人生にふれられる。旧書斎・応接間も公開。定期的に企画展も開催。**DATA** 🏠旭川市春光5条7丁目 ☎0166-51-1188 💴300円 🕐9〜17時（入館は16時30分まで）🈺月曜（祝日の場合は翌日、6〜9月は無休）🚉JR旭川駅から車で20分 🅿20台 **MAP** P140B1

三浦綾子記念文学館
みうらあやこきねんぶんがくかん

奥深い三浦文学の魅力にふれる

小説「氷点」で知られる旭川出身の作家・三浦綾子の「ひかりと愛といのち」がテーマの文学館。直筆の原稿など多彩な資料を通し、作家活動や「氷点」の舞台・外国樹人生の歩みを紹介。**DATA** 🏠旭川市神楽7条8丁目2-15 ☎0166-69-2626 💴入館700円 🕐9〜17時（入館は16時30分まで）🈺無休（11〜5月は月曜、祝日の場合は翌日）🚉JR旭川駅から車で5分 🅿30台 **MAP** P140A2

高砂酒造 明治酒蔵
たかさごしゅぞう めいじさかぐら

老舗酒蔵の資料館&直売所

明治32年（1899）創業、旭川の老舗酒蔵。直売所では代表銘柄「国士無双」や「旭神威」をはじめ、生酒や蔵元限定酒などが揃う。さらに日本酒の試飲コーナーや歴史的資料の展示、予約制の工場見学など、充実の内容。**DATA** 🏠旭川市宮下通17丁目右1 ☎0166-22-7480 💴工場見学無料（HPで要確認）🕐9時〜17時30分 🈺年末年始 🚉JR旭川駅から車で5分 🅿15台 **MAP** P140C4

日本酒・酒粕を使ったお菓子も

男山酒造り資料館
おとこやまさけづくりしりょうかん

旭川の銘酒・男山の酒蔵を見学

350年の歴史を持つ、旭川の地酒蔵元・男山の酒造り文化にふれられる資料館。江戸時代に将軍の御膳酒として愛された由緒ある酒蔵を無料見学できるほか、蔵元限定酒やここでしか手に入らないグッズの販売もある。**DATA** 🏠旭川市永山2条7丁目1-33 ☎0166-47-7080 💴入場無料 🕐9〜17時 🈺年末年始 🚉JR旭川駅から車で15分 🅿50台 **MAP** P140B1

日本酒の試飲コーナーも

旭川観光物産情報センター
あさひかわかんこうぶっさんじょうほうせんたー

旭川駅で観光情報をゲット!

旭川市や周辺の観光情報を案内する、旭川駅の東コンコースにある情報センター。道北エリアの特産品やグッズ販売するショップや、北海道産食材を使った飲食スペースもあり。旭川観光の相談にものってくれる。**DATA** 🏠旭川市宮下通8 JR旭川駅構内 ☎0166-26-6665 🕐9〜19時 🈺年末年始 🚉JR旭川駅直結 🅿周辺に有料駐車場あり **MAP** P140A4

散策中に立ち寄りたい

壺屋 き花の杜 CAFE 文欒
つぼや きばなのもり かふぇ ぶんらん

限定スイーツでカフェタイム

北海道みやげ・き花でも有名な、旭川の老舗菓子メーカー壺屋が運営するコンセプトショップ。店内にはカフェも併設し、工房で作りたてのスイーツやランチメニューなどを楽しめる。本を読んだり、四季の庭をながめたりしながら、のんびりした時間をどうぞ。**DATA** 🏠旭川市南6条通19丁目 ☎0166-39-1600 🕐10時〜16時30分LO 🈺不定休 🚉JR旭川駅から車で6分 🅿100台 **MAP** P140B2

イスやテーブルは旭川家具を使用

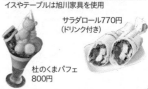
サラダロール770円（ドリンク付き）

杜のくまパフェ 800円

ふむふむコラム fumu fumu

大雪山麓が生み出した 旭川家具の歴史をお勉強

旭川近郊は、豊かな森林資源を持つ土地。全国から家具職人が移住し、全国有数の家具産地のひとつに数えられています。そんな旭川家具の歴史をお勉強。

旭川家具の誕生の歴史

大雪山麓の山林に近い旭川は、明治時代から木材を使った産業が発展。明治末期には旭川に陸軍第7師団が設置され、鉄道が開通し、家具職人を含む多くの人が旭川に移住をするようになった。

大正3年（1914）には、天候に影響を受けない木工業の振興に力を入れた取組みを始め、この振興策で地域経済は安定し、旭川は家具産業都市として徐々に進展していった。

旭川家具の発展の歴史

旭川の家具産業は戦時中厳しい状況に置かれるが、昭和30年、新たな販路開拓のため、「第1回旭川木工祭」を開催。その後、職人の技術力向上とデザインの追求にもっと力を入れるために木工芸指導所（現在の工芸センター）を開設。知名度をさらに全国に広げるため、東京で開かれた全国優良家具展（全優展）に出展。旭川家具というブランドが全国に認知され、旭川の家具産業は勢いに乗っていく。

▲新しい販路として成功をおさめた第1回旭川木工祭

大雪山麓の自然とともに歩むデザイン 北海道から世界へ羽ばたいた旭川家具

旭川家具とは？

「旭川家具」は旭川市と東川、東神楽などの近郊地域に存在する30社以上のメーカーが製造する家具を総称するブランド名のこと。上質な木材を使い、高い技術で家具を作ることをモットーとしており、無垢材を使ったテーブルやチェア、キャビネット、キッズ家具などが多く見られる。

ナチュラルな素材感を生かすシンプルで飽きのこないデザインで、木目の流れの美しさやカーブには、高度な木工技術に裏打ちされたクラフトマンシップを感じる。

旭川家具の今の取り組み

昭和24年（1949）には、旭川などの家具メーカーで構成する「旭川家具工業協同組合」が設立。昭和30年（1955）には「旭川市立木工芸指導所」が開設され、「工芸センター」として現在に至る。

その後は全国的にも知名度があがり、1990年（平成2）7月以来、旭川を舞台に3年に一度「国際家具デザインフェア旭川（IFDA）」を開催し、世界各地のデザイン家具が旭川に集結、そのほか海外の国際イベントにも出品し、世界的にも認められている。

▲上質な家具と暮らしを提案インテリアの参考にも

旭川デザインセンター

旭川周辺にある家具やクラフト約30社による作品が一堂に介するギャラリー。国内外で評価の高い旭川家具を気軽に見ることができる。

DATA ☎0166-48-4135 🏠旭川市永山2条10丁目1-35 🕙10～17時 休火曜 🚗JR旭川駅から車で20分 Pあり（80台）MAP P140B1

富良野・美瑛・旭川からひと足のばして プチトリップしてみませんか？

大雪山系の渓谷美を楽しめる層雲峡、
十勝まで続く北海道ガーデン街道、
今話題のサウナが集まる十勝エリアなど
足をのばして、魅力的なスポットを探しに出かけましょう。

大雪・層雲峡・トマム・十勝ってこんなところ

北海道の屋根といわれる大雪山系の雄大な景色、これぞ北海道といえる広大な大地、そして自然が織りなす雲海は必見です。

❖ 観光の見どころは3つのエリア

大雪山系の北側にあり、のどかな田園風景の奥に雄大な景色が広がる大雪山・層雲峡、富良野の南側、標高1239mのトマム山麓のトマム、そして北海道ガーデン街道をはじめとする注目コンテンツが目白押しの十勝の3エリア。広大なエリアのためレンタカーでめぐるのがおすすめ。

❖ 観光前に情報を集めよう

紅葉が美しい層雲峡観光や北海道ガーデン街道沿いの花の見頃は事前にチェックするのがおすすめ。

問合せ 層雲峡観光案内所 ☎01658-5-3350
問合せ とかち観光情報センター ☎0155-23-6403
問合せ 帯広観光コンベンション協会 ☎0155-22-8600

富良野・美瑛・旭川からの ❖ アクセスをCheck

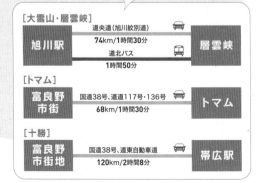

[大雪山・層雲峡]

旭川駅	道央道(旭川紋別道) 🚗 74km/1時間30分 道北バス 🚌 1時間50分	層雲峡

[トマム]

富良野市街	国道38号、道道117号・136号 🚗 68km/1時間30分	トマム

[十勝]

富良野市街地	国道38号、道東自動車道 🚗 120km/2時間8分	帯広駅

一大リゾートで感動体験 ③

とまむ
トマム …P94

トマム山の麓に広がるリゾートエリア。夏の雲海鑑賞、冬のスキーなど一年中多彩なアクティビティが楽しめる星野リゾート トマムが人気。

① **大雪・層雲峡**
（☞P81）

大雪山

三国峠

糠平湖

② **十勝**
（☞P90）

然別湖

東大雪湖

足寄IC

本別JCT

本別IC

十勝清水

芽室IC　更帯広IC
音更帯広IC
芽室帯広IC　帯広

芽室　帯広　札内　池田

十勝ヒルズ
（☞P91）

紫竹ガーデン
（☞P90）

勝千年の森
（☞P91）

六花の森
（☞P90）

帯広空港

浦幌

JR石北本線

峡谷美が美しい
たいせつ・そううんきょう
大雪・層雲峡 ‥‥‥**P84**

雄大な大雪山連峰に抱かれ、国内でいち早く、9月上旬頃から紅葉が楽しめる。峡谷沿いの温泉宿や歴史ある冬まつりなど見どころがいっぱい。

注目コンテンツが満載
とかち
十勝 ‥‥‥**P90**

1市16町2村にまたがる広大なエリアの十勝。雄大な自然と見渡す限りの牧草地帯が広がり、「THE 北海道」な景色を望める景勝地がたくさん。

北海道を代表する庭園が点在
北海道ガーデン街道
（十勝エリア）‥‥‥P90

十勝エリアに点在する8つのガーデンを結ぶ約250kmの道。道中でも美しい景色が望め、ガーデン周辺はグルメやショップが充実。

今や「サ活」の聖地！
十勝エリアのサウナ ‥‥‥**P92**

サウナの本場フィンランドの自然環境にも似ている十勝。十勝でも「ととのう」を体験しては？十勝エリアはいま、サウナがアツイ！

まるで山水画のような層雲峡
2本の滝と大峡谷が共演！

石狩川の侵食によってできた全長24kmに渡って広がる大峡谷が層雲峡。まるで山水画のような美しさで、峡谷に流れ落ちる優美な滝や、切り立った断崖はまさに絶景です。

▼左が「銀河の滝」で右が「流星の滝」

道内屈指の迫力ある峡谷美

そううんきょう
層雲峡

訪れる人を魅了する
絶景と温泉

北海道のほぼ中央にある峡谷・層雲峡。大雪山系最大の温泉街があり、大型ホテルなどが立ち並ぶ。石狩川を挟み約24kmの断崖絶壁が続く絶景を堪能できる。ラフティングや山登り、冬の犬ぞり体験などアクティビティも満載。

ぎんがのたき・りゅうせいのたき
銀河の滝・流星の滝

白糸のように繊細な「銀河の滝」と約90mの落差を太い流れで落ちていく「流星の滝」。2本の滝が峡谷を流れていくその対照的な姿から、「男滝・女滝」と呼ばれることも。また、駐車場には売店や食堂、トイレなどがある。

☎01658-5-3350（層雲峡観光案内所）**住**上川町層雲峡 **Y日休**見学自由 **交**バス停層雲峡から車で5分 **P**150台 **MAP**P141B4

鑑賞ポイント　**滝は双瀑台から見よう！**

銀河の滝・流星の滝の駐車場から山道の遊歩道を20分ほど上がり高台に出ると展望台に到着。ここは二つの滝を同時に見られる絶景ポイントなので、足を運ぶのを忘れずに。
MAPP141B2

屏風のような巨大岩壁

大函
おおばこ

峡谷の上流部にある人気の景勝スポット。石狩川を挟むようにそびえる屏風のような200mもの高さの峡谷を、近くから観賞できる。

☎01658-5-3350（層雲峡観光案内所）　🏠上川町層雲峡
💰🕐休見学自由　🚌バス停層雲峡から車で10分　🅿20台
MAP P141C4

◀石狩川に面した展望スペースから見える巨大岩壁

大函

大雪湖

層雲峡・大雪山写真ミュージアム
山岳写真家であり、大雪山写真の第一人者の市根井孝悦氏の作品を展示しているミュージアム。旧層雲峡小学校の校舎を利用。
☎01658-5-3415
💰600円 🕐9〜18時
MAP P141A3

層雲峡・大雪山写真ミュージアム

層雲峡温泉街

層雲峡黒岳の湯

流星の滝　銀河の滝

大雪山層雲峡黒岳ロープウェイ

黒岳5合目

黒岳リフト

黒岳7合目

黒岳

烏帽子岳

層雲峡 黒岳の湯
層雲峡温泉街唯一の日帰り入浴施設。2つの大浴場と露天風呂、サウナ、水風呂等を備えた低張性弱アルカリ性高温泉。
☎01658-5-3333 💰600円 🕐10時〜21時30分（入館は21時まで）
MAP P141A3

こちらもCHECK!

古くから続くアイヌの伝統儀式を層雲峡で体感

7月下旬〜8月中旬　層雲峡温泉 峡谷火まつり
層雲峡の冬のまつりが氷瀑まつり（☞P87）なら、夏はこの峡谷火まつり。アイヌ民族の伝統的な動物送りの儀式。火まつり太鼓やアイヌの民族舞踏などの伝統行事が行われる。
☎01658-2-1811（層雲峡観光協会）

ゴンドラで満喫する秋の峡谷

▼錦秋の峡谷をゴンドラの窓から堪能できる

大雪山層雲峡・黒岳ロープウェイ
だいせつざんそううんきょう・くろだけろーぷうぇい

春・夏は高山植物などの自然観察や登山、秋は美しい紅葉、冬はスキーなども楽しめる標高1984mの黒岳。層雲峡温泉街から黒岳5合目までを7分程度で結ぶロープウェイ。ゴンドラや黒岳駅展望台から望む谷深い峡谷は圧巻の美しさ。5合目からはリフトで黒岳の7合目まで登ることができる。

☎01658-5-3031 🏠上川町層雲峡 💰往復2400円、ロープウェイ・リフトセット3000円 🕐6〜18時（季節により変動あり）休無休（整備運休あり、要問合せ）🚌バス停層雲峡から徒歩5分 🅿60台 MAP P141C4

📖 売店「滝ミンタラ」のある銀河の滝・流星の滝駐車場は定番の絶景ポイントとしておすすめです。

峡谷美に癒される旅なら 層雲峡温泉にステイしてみよう！

雄大な大雪山連峰のもと、国内では最も早くから紅葉を楽しめる層雲峡。
峡谷沿いには温泉宿が点在。峡谷美を味わいながらゆったりとくつろげる注目の宿をご紹介。

層雲峡

そううんきょう ちょうようてい

層雲峡 朝陽亭

大自然に囲まれた大人の空間

眼前に広がる峡谷美や迫力ある柱状節理。層雲峡の自然を肌で感じながら湯浴みを楽しめる。鰊番屋をイメージする囲炉裏を設置した食事処は情緒たっぷり。宴会場や居酒屋など、館内設備も充実している。旭川（スマイルホテル旭川）から無料送迎バスも毎日運行（要事前予約※満席次第受付終了）。姉妹館「朝陽リゾートホテル」での湯めぐりもぜひ。

☎0570-026572　上川町層雲峡温泉　旭川駅からJR石北本線特急で上川駅まで45分、上川駅から道北バス層雲峡行きで30分、層雲峡下車後、徒歩10分　P100台　風呂:内湯3 露天3　MAP P141A3

✤料金（1泊2食付）✤
1万6000円〜
✤時間✤
IN15時、OUT10時

1 朝夕で男女入れ替えになる天空露天風呂「朝陽山」 2 炭火焼きも満喫できる懐石料理（夕食一例） 3 洗練された雰囲気のモダン洋室

層雲峡

ほてるたいせつ おんせんあんどきゃにおんりぞーと

ホテル大雪
ONSEN&CANYON RESORT

時を忘れてくつろげる見事な景観

層雲峡温泉で一番の高台に立つホテル。源泉掛け流しの大浴場を男女各3つもち、雄大な景観を楽しみながら、自慢の名湯を堪能できる。季節の特選素材を生かした見た目にも美しい会席膳や、品数豊富なビュッフェなどの夕食も評判。ミニライブラリーのあるロビーラウンジも魅力。

☎01658-5-3211　上川町層雲峡　JR旭川駅からJR石北本線特急で上川駅まで45分、JR上川駅から道北バス層雲峡行きで30分、層雲峡下車後、徒歩10分　P152台　風呂:内湯6 露天4　MAP P141A3

✤料金（1泊2食付）✤
8550円〜
✤時間✤
IN15時、OUT10時

1 特別フロアの風呂付き客室「雪花」2名6万2920円〜
2 旬な特選素材を使った会席膳 3 大雪山系を一望できるロケーション

禁煙ルーム有　部屋食あり　大浴場あり　エステあり　源泉かけ流し　ひとり宿泊OK

真冬に開催される氷の祭典
層雲峡温泉氷瀑まつり

「氷瀑」とは、滝から流れる水が凍ることを意味します。滝が凍るほど極寒の自然を
最大限に生かして作られた大小さまざまな氷のオブジェが立ち並び、幻想的な光景を作り出します

幻想的な氷の王国の 始まりと今

上川町にある層雲峡で毎年1月下旬から3月中旬まで開催される「層雲峡温泉氷瀑まつり」。大小30基ほどのさまざまな氷の造形物が石狩川沿いに並び、夜にはライトアップされる幻想的な氷の王国となる。
第1回目が開催されたのは昭和51年（1976）で、彫刻家と層雲峡商店街の若手が一緒になって開いたのがはじまり。
今では北海道のなかでも大きな規模の冬まつりに成長し、訪れる多くの人たちを魅了する。
☎01658-2-1811（層雲峡観光協会）
🕐17～21時 MAP P141A1

会場内では アイスクライミング体験も

氷瀑まつりのギャラリーがいる中で氷壁を上るアイスクライミング体験。初心者でも道具の使い方などもレクチャーしてくれる。

毎週末は打ち上げ花火と 七色ライトアップのコラボ

冬の夜空に咲く打ち上げ花火は、会期中の土曜20時30分から打ち上げられる。

※変更になる場合があるので、詳細はホームページより確認を。

ステージイベントも充実

ステージで繰り広げられる内容は毎年とても充実しており、過去には地元のアイヌ舞踊や郷土太鼓をはじめ、協賛社が提供する「抽選会」なども。

※イベントは都合により変更になる場合があるので、詳細はホームページより確認を。

氷瀑神社は要チェック! 恋愛成就、受験生にも!

お賽銭箱が設けられた「氷瀑神社」は、氷でできた「神玉」にお金を貼りつけても「落ちない」ということで受験生にうってつけの神社。その他恋愛成就のご利益もありとの噂も。

毎年大好評 氷のトンネル

手間暇かけて作られたトンネルは、一歩中へ踏み込むと、リアルに「氷の世界」を体験できる。

氷瀑まつりの制作現場

長い時間をかけてつくられる足場

11月上旬から制作が始まる。骨組みからこだわって作りあげて、12月からいよいよ氷かけが開始。土台の制作期間は約2ヶ月もかかるこだわり!

大自然に抱かれた森の中の庭園
大雪 森のガーデン

上川層雲峡ICを降りて、「大雪高原旭ヶ丘」の看板を目印に進むと見えてくる、「北海道ガーデン街道」（☞P90）の最北にある庭園。雄大な自然と花々が調和した美しい景観を眺めにでかけましょう。

▶風が通り抜ける木陰のテラスから、田園風景も遠望できる

大雪 森のガーデン
だいせつ もりのがーでん

大雪山連峰を望む高原にあり、5つのテーマに基づく「森の花園」と、5つのテーマガーデン「森の迎賓館」、秘境のような深い森の中に広がる「遊びの森」の3つのエリアで構成。ショップやカフェ、レストラン、宿泊施設も併設。
☎01658-2-4655 🏠上川町菊水841-8 ¥入園800円 ⏰9～17時、最終入園16時 休無休（10月中旬～4月下旬は休園） 🚃JR旭川駅から車で1時間 🅿100台 MAP付録表①C1

見られるお花

アリウム
細く長い茎の先にまん丸の花を咲かせる
●6月中旬～7月上旬

ルドベッキア
花期が長く、鮮やかな黄色は群植すると素晴らしい
●8月～10月

クレマチス
アーチなどに絡まり堂々と咲く姿はまさに女王
●7月下旬～9月

アメリカアジサイ
花期が長く、一面に咲く大きな白い花は見事
●8月～10月

**ヒマラヤの青いケシが
ガーデン内に！**

涼しい高山地帯で咲くケシで、28℃以下でしか生きられない「メコノプシス」が大雪 森のガーデン内で見られる。見頃は6月下旬〜7月中旬。

大雪 森のガーデンの楽しみ方

もりのはなぞの（したしみのにわ）
森の花園（親しみの庭）

約900品種の草花が彩り華やかに植栽された美しい花園。「大雪な庭」「四季のすみか」「花の泉」「親しみの庭」「カムイミンタラ」それぞれ独自の魅力をもつ5つのガーデンで構成され、シーズン毎に全く異なる表情を楽しむことができる。

もりのげいひんかん（もりのりびんぐ）
森の迎賓館（森のリビング）

起伏がある地形、そして従来からこの地に生き続ける自然の樹木や草花を活かして造り上げた"森のおもてなしエリア"。「森のゲートウェイ」「森の絨毯」「森のリビング」「癒しの谷」「森の博物園」の個性豊かな5つのゾーンで構成されている。

あそびのもり
遊びの森

秘境のような深い森の中に広がる空間。様々な催しを天候に関わらず行うことが可能な交流体験棟「チュプ」や、屋外遊具「森の木琴」「鳥の目になるテラス」「リング型ブランコ」など、大人から子どもまで楽しめる仕掛けがいっぱい。

こちらもcheck！

上川大雪カフェ
緑丘茶房

店内からガーデンを見ながらドリンクや軽食が楽しめる。2017年に上川町に新たに誕生した上川大雪酒造とコラボしたメニューも。地元の新鮮な牛乳を使用したジェラートが人気。
☎01658-2-3921 ◐9〜16時

フラテッロ・ディ・ミクニ

フレンチの重鎮・三國清三シェフと北海道イタリアンの先駆者・堀川秀樹シェフがタッグを組みプロデュースする「ここでしか味わえない美味しさ」を提供するレストラン。北海道産の新鮮な食材を使ったメニューが楽しめる。
☎01658-2-3921 ◐11〜14時、18〜20時 休火曜

ガーデンショップ

「癒しの庭」をコンセプトに、ライフスタイルを提案。使って楽しい、もらって嬉しい、ステキな商品をセレクトしたナチュラルガーデンショップ。
☎01658-2-4655 ◐9〜18時

ヴィラ

大自然の中に佇む宿泊者専用コテージ。家族や仲間と一緒に、日頃の喧騒を忘れてゆっくりとくつろげる空間。予約、問合せは電話で。
☎01658-2-3921
¥1泊2食付1万9800円〜

📖 冬のスノーアクティビティも充実しているのでHPをチェックしてみよう。

個性豊かな美しい庭園が点在
十勝エリアの花の街道を周遊しよう

十勝エリアの5つのガーデン間は1時間程度で行き来できる距離。各施設はみどころ満載で広大なので、周遊するなら時間に余裕を持ったプランニングをしましょう。

北海道ガーデン街道とは？

大雪～富良野～十勝に点在する8つのガーデンを結ぶ約250kmのルート。十勝には5つのガーデンが集まる。ベストシーズンは5～10月中旬で、冬期は多くが休園となる。

～北海道ガーデン街道MAP～

▶十勝六花を代表するハマナシが7～8月ころに見られる

中札内村
ろっかのもり
六花の森

六花亭包装紙にある花が見られる

北海道を代表する菓子メーカー「六花亭」が運営。六花亭の包装紙に描かれた「十勝六花」をはじめ、北海道らしい山野草を見ることができる。

☎0155-63-1000 住中札内村常盤西3線249-6 ¥1000円 ⏰10～16時(4月下旬～10月中旬・季節によって変動あり) 休期間中無休 交JR帯広駅から車で40分 P80台 MAP P136B3

▲リボンのように広がる花が美しい「リボン花壇」

帯広市
しちくがーでん
紫竹ガーデン

22のゾーンで2500種もの花々を鑑賞

創業者の紫竹昭葉さんが子どものころ夢見た花畑を作ろうと、チューリップを植えたのが始まりのガーデン。

☎0155-60-2377 住帯広市美栄町西4線107 ¥1000円 ⏰8～18時(4月16日～11月3日) 休期間中無休(冬季はレストランのみ予約営業) 交JR帯広駅から車で30分 P50台 MAP P136B3

清水町
とかちせんねんのもり
十勝千年の森

世界で最も美しいと賞賛された庭

「アース・ガーデン」と「メドウ・ガーデン」が英国ガーデンデザイナーズ協会の大賞を受賞したことでも知られる広大な敷地のガーデン。

1 大小13の丘からなる圧倒的スケールの「アースガーデン」
2 自然の生命力を生かした森の中にある「フォレスト・ガーデン～森の庭～」

☎0156-63-3000 🏠清水町羽帯南10線 ¥1200円 🕘9時30分～17時（4月下旬～10月中旬、季節により変動あり）休期間中無休 交JR帯広駅から車で45分 P180台 MAPP136B2

幕別町
とかちひるず
十勝ヒルズ

自然豊かな眺めを一望

全体が高台にあり、どこからでも街並みが見渡せる、自然豊かな眺望が魅力のテーマパーク。季節ごとのガーデンイベントも見どころ。

1 十勝の大空を映す鏡のような「ミラーガーデン」
2 園内でピクニックを楽しむのもおすすめ

☎0155-56-1111 🏠幕別町日新13-5 交JR帯広駅から車で15分 ¥大人1000円 🕘9～17時 休期間中無休（4月下旬～10月中旬 荒天により休園の可能性あり）P300台 MAPP136C3

▲赤屋根の建物と針葉樹が織りなす西洋風の「ヨーロッパガーデン」

帯広市
まなべていえん
真鍋庭園

日本初のコニファーガーデン

樹木の生産販売を営む真鍋家が1966（昭和41）年に開園した日本初のコニファー（針葉樹）ガーデン。テーマごとに構成された和洋さまざまな庭が見られる。

☎0155-48-2120 🏠帯広市稲田町東2線6 ¥1000円 🕘8時30分～17時30分（最終入園は閉園の30分前、10・11月は時短あり）休期間中無休 交JR帯広駅から車で15分 P50台 MAPP136C2

北の大地で「ととのう」
究極の十勝サウナでリフレッシュ！

雄大な自然を生かした特別な体験ができる十勝。今注目なのは、サウナブームの到来とともに続々誕生した北海道らしい個性派サウナ。十勝ならではのサウナを満喫しよう。

▶プライベートサウナ付客室「サウナツインととのえ」は2部屋

【帯広市】
もりのすぱりぞーとほっかいどうほてる
森のスパリゾート北海道ホテル

プロサウナーお墨付きサウナでととのう

市街地近くにありながら、自然林に囲まれた心地よさを感じさせてくれるホテル。肌がしっとりとなる北海道遺産の「モール温泉」を楽しむことができ、さらにサウナは水風呂、休憩イスとの距離が近く、サ活には最適。

☎0155-21-0001 🏠帯広市西7南19-1 💴日帰り入浴1300円(午後1800円。土・日曜、祝日、GW、お盆、年末年始は午前1500円、午後2000円) 🕐5時30分〜9時30分(最終入場9時)／14〜21時(最終入場) 🈺無休 🚗JR帯広駅から車で5分 🅿170台 🗺P136C2

▲暗めの間接照明でムーディーな男性用サウナ。女性用は心地よい白樺の枝葉を束ねたヴィヒタの香り

▲限定3名まで利用可能な、日本でここだけのサウナ

◀扉を開けると芳醇なワインの香りが感じられる

【池田町】
とかちまきばのいえ
十勝まきばの家

30年以上使用のワイン樽のサウナ

雄大な自然と道産食材にこだわった料理が評判の宿泊施設。2021年に誕生したワイン樽サウナは、池田ワイン城で30年以上使用したワイン樽を使ったここだけのサウナ。水着か半袖・短パンが必要。

☎015-572-6000 🏠池田町清見144-1 💴日帰りワイン樽サウナ80分6600円(3名まで利用可能、要予約) 🕐受付11時〜、13時30分〜、16時〜(サウナ利用は受付後から80分間+シャワー室30分間) 🈺年末年始 🚗JR帯広駅から車で40分 🅿20台 🗺P136C2

十勝サ国プロジェクト

サウナの本場フィンランドの自然環境にも似ている十勝。遠赤外線効果とマイナスイオンを含んだ水蒸気を発生させる、本場フィンランド式ロウリュを楽しんでほしいと十勝の宿泊施設などが連携して2020年に発足。毎年9～3月に9施設中4施設をお得に利用できる日帰り入浴パスポートを発行している。
●問い合わせ　十勝サウナ協議会事務局　☎0155-22-8600

十勝 ● 究極のサウナでリフレッシュ！

上士幌町
とかちしんむらぼくじょう

十勝しんむら牧場

貸し切りのコンテナサウナで絶景ととのい体験

帯広市内から車で約1時間のところにある牧場。広大な敷地に牛たちがのんびり暮らしている。牧場内には貸し切りのコンテナサウナがあり、桶を使った水風呂と外気浴を、雄大な景色を眺めながら体験できる。

☎01564-2-3923 住上士幌町上音更西1線261 ¥1万9800円(6人まで2時間貸切) ⏰10時30分～17時 休不定休 交JR帯広駅から車で50分 P約20台 MAPP136C1

▶牧場で作られる濃厚な牛乳が風呂上がりにしみる

▲水風呂は牛が水を飲むときに使う桶。雄大な景色を眺めながら心までととのいそう

▲移動式ながら本格的な薪式サウナヒーターを完備
▶水風呂が併設されている世界初のサウナトレーラー

大樹町
むーびんぐ いん とかち ばんせい ぐらんど すいーと

Moving inn Tokachi 晩成 Grand Suite

トレーラーハウスの極上サウナで自然を独り占めしながらととのう!

手つかずの自然が広がるプライベートサイトのトレーラーハウスで、非日常的なサウナ体験ができる。ウッドデッキやオランダ式露天風呂からは眼前に生い茂る緑が広がる。2022年秋には、大樹町光地園に移転リニューアルオープン予定。詳しくはHPを。
https://moving-inn.com/

☎0155-88-7514 住大樹町晩成2-3 ¥素泊まり4万9500円 ～ ⏰IN15時 OUT11時 休無休 交とかち帯広空港から車で40分 P4台 MAPP136C3

雲のリゾートでくつろぎの時間
星野リゾート　トマム

富良野の南側、標高1239mのトマム山の麓に位置する「星野リゾート　トマム」。
雲海鑑賞をはじめ、敷地内ではさまざまなアクティビティが楽しめる。

雲海テラス
<small>うんかいてらす</small>

トマム山の標高1088mの場所に位置し、気象条件が揃えば幻想的な雲海が眺められる人気施設。リニューアルで展望デッキがこれまでより前面にせり出し、さらに間近で雲海を鑑賞できるように！展望デッキは3階建てで各階から絶景を満喫できる。

料金	1900円（小学生1200円、ペット500円）※リゾナーレトマム、トマム ザ・タワー宿泊者は無料
時間	5〜7時（最終乗車は上り7時、下り8時）※時期により変動あり
予約	予約不要 ※雲海テラス各施設は天候状況で中止の場合あり

星野リゾート　トマム
<small>ほしのりぞーと　とまむ</small>

ビジターも楽しめる山岳リゾート

北海道・新千歳空港から約90分の所に位置するトマム。ツインタワーの高層ホテルを中心に、プールやファームエリアなどが広大な敷地に点在。雲海テラスのほか、自然体験アクティビティも充実。冬にはスキーや氷の街アイスヴィレッジで楽しめる通年型複合リゾート。

☎0167-58-1111 住占冠村中トマム ⓎⒷ休施設によって異なる 交JR札幌駅からおおぞら・とかちで2時間、トマム駅下車、無料シャトルバスで5分 🅿1500台 MAP P136A2

トマム ザ・タワー
| 料金 | 1泊朝食付1万1400円〜 |
| 時間 | IN 15時 OUT 11時 |
※宿泊料金は時期や部屋タイプで変動あり

リゾナーレトマム
| 料金 | 1泊朝食付2万1900円〜 |
| 時間 | IN 15時 OUT 11時 |
※宿泊料金は時期や部屋タイプで変動あり

雲海テラスのお楽しみ

くらうどぷーる
Cloud Pool

浮遊感と絶景を楽しもう!

縦横10mの巨大なハンモックのような展望スポット。山の斜面から最大8mの高さがあり、雲に浮かんでいるような浮遊感が楽しめる。 料金 雲海テラス内 時間 5~7時※時期により変動あり 予約 不要

くらうどばー
Cloud Bar

雲海を見下ろすバーカウンター

バーカウンターをイメージした絶景の特等席。地上3mの高さにカウンターとイスがあり、空に浮かんでいるような感覚の中で雲海を鑑賞できる。最大7名まで利用可。 料金 雲海テラス内 時間 5~7時※時期により変動あり 予約 不要

ガラス張りの店内からは雲海も鑑賞できる

くもかふぇ
雲Cafe

映えるステキメニュー

雲海テラス内に全天候型の屋内カフェが登場。モクモクの見た目がかわいい「雲ソフト」や「雲マカロン」など、雲をイメージしたスイーツやドリンクが揃う。 料金 雲海テラス内 時間 5~7時※時期により変動あり 予約 不要

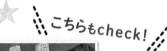
こちらもcheck!

雲ソフト(中央600円)やレモン味とバニラ味の雲マカロン(左700円)

▲太陽光が降り注ぐベッドでのんびり過ごそう

▼リゾート内で軽食をテイクアウトして屋外で楽しもう

▶メロンとシャンパンのマリアージュを楽しめる夏限定のイベント「メロンシャンパンフェス」

巨大牧草ベッド

大自然に設置された全長30mの牧草が敷き詰められたベッド。寝転がると放牧されている牛を近くで眺めることができる。ふかふかとした牧草の感触ややさしい香りを楽しもう。

期間 7月1日~9月30日
料金 無料
時間 10~16時
予約 不要

ホタルストリート

食事や買物を楽しめる9つの店舗がウッドデッキでつながった全長約160mの街並み。

期間 4月28日~11月1日
時間 11~23時
※期間、時間は店舗により異なる

牧場ラウンジ

牧草をテーマにした屋外ラウンジ。牛や馬、羊が実際に飼育されていたり、牧草のソファや丸太のテーブルが置かれていたり、のんびりした時間が過ごせる。

期間 6月1日~9月25日
料金 無料
時間 10~16時

▲青空の下、のんびりとくつろごう

羊とお昼寝ハンモック

本物の羊を数えながらお昼寝ができるスポット。ハンモックに寝転ぶと、羊や景観を眺めながら、のんびり過ごせる。

期間 4月28日~10月31日
料金 無料
時間 9~16時

 トマムの雲海発生確率はシーズンを通して40%ほど。発生状況はHPでチェックできる。

トマム ● 星野リゾート　トマム

95

前庭の花も見どころの北海道庁旧本庁舎

札幌のランドマーク、さっぽろテレビ塔

大通公園には季節の花たちが咲き誇る

明治期の建造物が残る北海道大学

今も昔も正確に時を刻む札幌市時計台

さっぽろ羊ケ丘展望台のクラーク博士像

モエレ沼公園は見どころがたくさん

札幌のソウルフード・スープカレー

見どころと絶品グルメで楽しみいっぱい
札幌観光へ出かけましょう。

歴史深い開拓期の建物や、季節ごとの花や緑がまぶしい公園、締めパフェやスープカレー、ジンギスカンなど魅力的なグルメが揃う札幌。郊外へのアクセスも良く、利便性は抜群です。

幌にはブランドスイーツが集結！

なかで自然を感じられる中島公園

札幌って こんなところ

札幌は北海道の政治・経済・文化の中心地。
みどころ、グルメとも盛りだくさんです。

観光みどころは3つのエリア

主な見どころは、札幌駅周辺、大通公園、すすきのの
3エリア。駅周辺は百貨店が林立するビル街で、絶景
の展望室やテレビ塔など観光名所もある。駅から南下
すると大通公園があり、3路線が乗り入れる地下鉄大
通駅は郊外観光の重要な起点駅。歓楽街すすきので
は、多彩な札幌グルメを堪能できる。もいわ山山頂展望
台や羊ヶ丘展望台など、郊外にもみどころが多数。

観光前に情報を集めよう

季節によって楽しめる味覚や景色はさまざま。日程を
決めたら、その時期はなにがおいしいのか、食材の旬
などを事前にチェックしよう。札幌駅と大通公園（☞
P101）にある観光案内所も活用して。

問合せ 札幌観光協会☎011-211-3341
　　　北海道さっぽろ観光案内所☎011-213-5088

ホームページもCHECK

ようこそさっぽろ
北海道札幌市観光案内

札幌市の公式観光サイト。市内
の観光名所や季節ごとの楽しみ
方紹介など、お役立ち情報満載。

🖥 https://www.sapporo.travel

新千歳空港→札幌のアクセス

さっぽろえきしゅうへん
札幌駅周辺　①

ショップやホテルなどの複合施設・
JRタワーがそびえる札幌の玄関口。
駅南側には、北海道庁旧本庁舎があ
り、樹木が美しい前庭を散策できる。

🈞開拓の歴史を
伝える北海道庁
旧本庁舎

③
すすきの
すすきの

ネオン瞬く歓楽街には、ジンギスカ
ンや炉端焼きなど、魅力的なグル
メがいっぱい。静かなバーや夜カ
フェで夜更かしを楽しむのもいい。

🈞きらびやかなすすきの交差点のネオン
🈚名バーテンダーの1杯に酔いしれよう

すすきの③

0　200m

🚃 JR快速エアポート（千歳線）		問合せ JR北海道（新千歳空港駅）☎0123-45-7001	
38分　1150円		12分間隔で運行。指定席のuシート（別途840円）を連結	
🚌 空港連絡バス		問合せ 北都交通☎011-375-6000／北海道中央バス☎0123-46-5666	
1時間10分　1100円		1時間に4便ほど運行。大通公園や市内主要ホテルにも停車	
🚗 道央道（千歳IC〜札幌南IC）			
47km／1時間　910円			

新千歳空港

札幌駅

おおどおりこうえん
大通公園 ②

・・・P101

東西約1.5kmにわたって広がる札幌中心部のオアシス。東端にあるさっぽろテレビ塔（☞P101）展望室からは、公園と街並みの絶景が楽しめる。

2

1 街なかとは思えないほど緑豊かな園内
2 界隈にはスイーツカフェも充実

郊外もみどころ もりだくさん
もいわ山山頂展望台やモエレ沼公園など、郊外にもみどころが、札幌中心部から日帰りで楽しめる（☞P102〜103）。

さっぽろ羊ヶ丘展望台

**朝から晩まで120%満喫
欲張りに楽しむ札幌1日コース**

まずは駅から南へ向かい、時計台やテレビ塔など必見スポットへ。昼食は、名物の味噌ラーメンを味わおう。食後は大通経由で駅周辺に戻り、北大構内を散策。郊外の展望台で夜景を楽しんだ後は、すすきので魚介グルメに舌鼓。

‖ START ‖

10:30 札幌駅

徒歩10分

札幌駅周辺

10:40 札幌市時計台 ・・・P100

徒歩3分

大通公園

11:20 さっぽろテレビ塔 ・・・P101

徒歩5分

12:00 味の三平 ・・・P110

徒歩3分

13:00 大通公園 ・・・ P101

徒歩10分

札幌駅周辺

13:30 北海道庁旧本庁舎 ・・・P101
※リニューアル工事中

徒歩4分

14:10 雪印パーラー札幌本店 ・・・P117

徒歩20分

15:30 北海道大学 ・・・P104

徒歩＋地下鉄＋市電35分

札幌郊外

17:30 もいわ山山頂展望台 ・・・P103

徒歩＋市電30分

すすきの

20:00 生ラムジンギスカン 山小屋

徒歩 ・・・P112

‖ GOAL ‖

22:00 札幌のホテル

札幌に来たら必ず行きたい！
定番さんぽ　札幌駅チカ編

道都・札幌の中心 札幌駅から徒歩数分圏内に札幌観光の定番スポットが点在。
どこに行くか迷ったら、まずはここからスタートしましょう。

のんびり
散策
60分

START!

JR 札幌駅南口

600m
8分

①白い壁と赤い屋根のコントラストが美しい木造建築
②時計台の2階ホールには椅子に座ったクラーク博士の彫像も置かれており、2ショットで記念撮影することもできる
③北海道開拓の象徴である赤い星（五稜星）があしらわれている

さっぽろしとけいだい
札幌市時計台

**今もなお時を刻み続ける
国内最古の塔時計**

札幌農学校（現在の北海道大学）初代教頭の
W.Sクラーク博士の提言により明治11年（1878）
に生徒の兵武訓練の演武場として設立。明治14年
（1881）に運転開始した塔時計は現存するもので
は国内最古。建物とともに国の重要文化財に指定。

☎011-231-0838 🏠札幌市中央区北1西2 ¥入館200円
🕐8時45分～17時10分（入館は17時まで）休1月1～3日 🚇
地下鉄大通駅から徒歩5分 Pなし MAP付録表⑤H1

100

ハワード社製の
時計機械

札幌市時計台では、時計に実際に使用されているハワード社製の時計機械を2階に展示。この時計機械に、鍵や振子、豊平川の石を使ったおもりが付く。

500m 7分

ほっかいどうちょうきゅうほんちょうしゃ
北海道庁旧本庁舎

かつての北海道行政の中心地

明治21年（1888）に建設され、約80年間北海道庁として使用された。アメリカの議事堂をモデルに建てられ、外壁には約250万個の赤レンガが使用されている。2025年まで改修工事に入り、工事の関係でシートに覆われて外観を見ることができない期間もあるが、美しい前庭は鑑賞可能。

☎011-204-5019（ダイヤルイン/平日8時45分〜17時30分）🏠札幌市中央区北3西6 🕐8時45分〜18時 🚃JR札幌駅南口から徒歩7分 🅿なし 🗺付録表⑤G1

50m 1分

あかれんが てらす
赤れんが テラス

赤レンガ庁舎隣に
個性あふれる名店が集結

アウトドアメーカーや北海道を代表するグルメ店など道内外の有名ショップが入り、グルメやショッピングが楽しめる。地上5階にある眺望ギャラリーからは赤れんが庁舎を一望できる。

☎011-211-6200（赤れんが テラスオペレーションセンター）🏠札幌市中央区北2西4 🕐🏢店舗により異なる 🚃札幌駅前地下歩行空間直結 🅿56台（1店舗2000円以上の利用で2時間無料、対象外店舗あり） 🗺付録表⑤G1

▲北3条通に面するオープンテラスは四季折々の表情を見せてくれる
◀館内にはオフィス棟、飲食店やショップが入る

高さ 147.2m!

札幌 ●定番さんぽ 札幌駅チカ編

500m 7分

おおどおりこうえん
大通公園

緑濃い札幌のオアシス

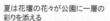

夏は花壇の花々が公園に一層の彩りを添える

札幌中心部を東西に横切る全長約1.5kmの緑地帯。園内は噴水や花壇、モニュメントやアート作品が点在し、市民の憩いの場となっている。さっぽろ雪まつりをはじめ、年間を通して多くのイベントが開催される。

☎011-251-0438 🏠札幌市中央区大通西1〜12 🕐🏢散策自由 🚃地下鉄大通駅、地下鉄東西線西11丁目からすぐ 🅿なし 🗺付録表⑤G1

400m 6分

GOAL!

さっぽろてれびとう
さっぽろテレビ塔

大通公園を見下ろすランドマーク

大通公園の東端に位置し、展望フロアからは市街360度のパノラマや札幌の夜景が楽しめる。

☎011-241-1131 🏠札幌市中央区大通西1 🌸展望台1000円 🕐9〜22時 🏢不定休 🚃地下鉄大通駅直結 🅿なし 🗺付録付録表⑤H1

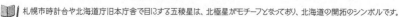

札幌市時計台や北海道庁旧本庁舎で目にする五稜星は、北極星がモチーフとなっており、北海道の開拓のシンボルです。

北海道ならではの開放感いっぱい
定番さんぽ 札幌郊外編

200万都市札幌は、郊外にも魅力がたくさん。広大な公園でアートを満喫するも良し、夜景を眺めるのも良し、奥座敷で温泉や景色を楽しむも良し、札幌時間を楽しもう。

札幌を 眺望する スポット

春から雪が降り始めるまで、クラーク博士像の後ろにある牧草地では毎日羊が放牧される。北海道らしい風景の向こうに、札幌ドームと市街地も望める、羊ヶ丘ならではの風景

羊ヶ丘レストハウスの裏にある白樺並木の向こうには一面のラベンダー畑が。一番の見頃は7月中旬

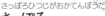
さっぽろひつじがおかてんぼうだい

さっぽろ
羊ケ丘展望台

牧歌的な風景が広がる
パノラマを一望

昭和34年（1959）北海道農業試験場に建設された展望台。牧歌的な草原の向こうに札幌の街並みが広がる。敷地内にはジンギスカンを味わえるレストハウスや北海道みやげを扱う売店「オーストラリア館」を併設。

展望台のシンボル
クラーク博士像

羊ヶ丘レストハウスは人気の特選ラム肉ジンギスカンや各種定食を楽しめる。全180席
🕐10時30分〜15時（LOは30分前。季節により変動あり）

☎011-851-3080 🏠札幌市豊平区羊ケ丘1 💴入館530円 🕘9〜17時（季節によって変動あり）🈺無休 🚉地下鉄東豊線福住駅から北海道中央バス羊ヶ丘展望台行きで10分、終点下車すぐ 🅿100台 🄼🄰🄿付録表③B3

さっぽろ羊ヶ丘展望台

札幌眺望スポット 夜景編

もいわやまさんちょうてんぼうだい
もいわ山
山頂展望台

札幌の街並みを望む人気スポット

標高531mの藻岩山山頂から、市街を一望できる札幌屈指のビュースポット。展望台のある山頂駅へは約15分間隔で運行のロープウェイとミニケーブルカーでアクセスできる。山頂にはレストランなどがあり、夜だけではなく昼も楽しめる。

標高531mの山頂展望台から札幌市街を一望

山頂展望台には「幸せの鐘」がある

☎011-561-8177 住札幌市中央区伏見5-3-7 ¥ロープウェイ&ミニケーブルカー往復1800円 ◎10時30分～22時(12～3月は11時～)※変更の場合あり。年末年始は特別営業。悪天候時ほか、整備点検による休業あり。HPで確認を 交札幌駅へは市電ロープウェイ入口から徒歩10分 P山頂駐車場120台ほか MAP付録表③A2

札幌眺望スポット 自然×アート編

1113枚のガラスで造られたピラミッドHIDAMARIは公園を象徴するモニュメント

標高62mのモエレ山は園内最大の造形物。山頂からは札幌市内を見渡せる

もえれぬまこうえん
モエレ沼公園

公園全体がひとつのアート作品

世界的な彫刻家イサム・ノグチが手掛けた公園。公園全体を彫刻作品に見立てており、189haの広い敷地内にはアート作品が点在。夏期は自転車2時間200円、冬期はスノーシュー3時間300円などが借りられるので、散策に活用しよう。

☎011-790-1231 住札幌市東区モエレ沼公園1-1 ¥入場無料 ◎7～22時(入園は～21時) 休施設により異なる 交地下鉄東豊線環状通東駅から北海道中央バスあいの里教育大前行きなどで25分、モエレ沼公園東口下車すぐ P1500台 MAP付録表③B1

札幌市街から車で約28キロ
定山渓温泉 こんなところです

豊平川上流にある山あいの温泉地。慶応2年(1866)に修行僧の美泉定山が湯治場として拓いたのが始まりといわれ、北海道屈指の温泉地。

ふたみつりばし
二見吊橋 渓谷美を見るならココ!

渓谷を流れる豊平川に架かる真紅の歩行用吊橋。ダイナミックな景観が魅力で、川沿いを歩く定山渓散策路のコース上にある。冬期は通行止めになる。

☎011-598-2012(定山渓観光協会) 住札幌市南区定山渓温泉西4 ¥散策自由 ◎散策自由 休散策自由 交バス停定山渓湯の町から徒歩約4分 P20台 MAP付録表①A3

札幌 ●定番さんぽ 札幌郊外編

📖 郊外へ行くなら札幌市内特殊運賃区間の中央バス全路線が1日乗り放題となる「札幌市内1日乗車券(さっぽろ~く1日乗車券)」750円がお得。

ふむふむ
コラム
fumu fumu

自然豊かなキャンパスを歩きたい
北海道大学ってどんなところ？

約177万㎡もの広大な敷地内に明治期の建造物が残る北海道大学。
開放感あふれるキャンパスでは自然や北海道の歴史にふれられます。

Q いつできたの？歴史を教えて！

A 北海道開拓使官吏養成のため、明治9年（1876）に開校した札幌農学校が前身。140年もの歴史を誇る大学で、アメリカから招かれたウィリアム・スミス・クラークが初代教頭を務めた。キリスト教思想家の内村鑑三や教育者の新渡戸稲造など歴史に名を残した優秀な人材を数多く輩出。昭和22年(1947)、北海道大学となる。その後、学部や研究センターが続々と開設され、現在では12学部・21大学院を擁している。

■1 北13条門を入ると、長さ約380mの道路の両脇に70本のイチョウが ■2 赤い屋根の建物は札幌農学校第2農場

第二農場
札幌農学校第2農場 ⑤
恵迪寮
獣医学部
ホッケー・ハンドボール場
野球場
情報教育館
北18条門
北18条駅
サッカー・ラグビー場
第一農場
医学部
工学部
北海道大学病院
ポプラ並木 ④
歯学部
北13条門
イチョウ並木
北13条駅
北海道大学総合博物館
中央食堂
理学部
教育学部
北12条駅
③
文学部
エルムの森
法学部
農学部
経済学部
桑園へ
クラーク像 ①
インフォメーションセンター
「エルムの森」
北大正門
古河講堂 ②
エルムの森ショップ
JR 函館本線
札幌駅
N
大通へ
苗穂へ

Q キャンパス内は見学してもいいの？

A 散策は自由だが、マナーを守って見学しよう。イベントなど学内の情報は、正門から入ってすぐ左手にあるインフォメーションセンター「エルムの森」へ。北大オリジナルグッズを扱うショップやカフェも併設。また、多彩なメニューを楽しめる学食も利用可能。

🔲 エルムの森ショップで北大グッズをおみやげに

北大と企業がコラボした商品など、魅力たっぷりのオリジナルグッズが揃う。
☎011-706-4680 🕐8時30分〜17時 🈺無休 MAP P104右下

🍴 中央食堂でランチ

カフェテリア方式の学食。お手ごろ価格で気軽にランチを楽しめる。
☎011-726-4780 🕐11〜19時（曜日により変動あり 🈺無休 MAP P104中央

ほっかいどうだいがく
北海道大学

☎011-716-2111 🏠札幌市北区北8西5 🎫散策自由 🕐施設により異なる 🈺無休 🚃JR札幌駅から徒歩7分 🅿なし MAP付録表④E1

Q おすすめの散策コースは？

A 学内の見どころを回るなら、正門からスタートして、北へ向かうコースがおすすめ。構内南側にある施設を見学した後は、少し足をのばしてポプラ並木、札幌農学校第2農場へ。北海道らしい広々とした風景を楽しめる。

第2農場にある
モデルバーンの屋根に
牛のモチーフを発見

エルムの森周辺をおさんぽ

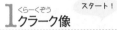
1 クラーク像
くらーくぞう

スタート！

"Boys, be ambitious!（少年よ、大志を抱け）"で有名な札幌農学校初代教頭・クラーク博士の胸像。

台座にはクラーク博士の自署が記されている

徒歩1分

2 古河講堂
ふるかわこうどう

明治42年（1909）に、建設された明治初期の代表的な洋風木造建築。

外観のみ見学可能

徒歩2分

3 北海道大学総合博物館
ほっかいどうだいがくそうごうはくぶつかん

札幌農学校時代から収集されてきた学術標本をはじめ、全12学部の教育研究、最新の一押し研究を紹介する展示や、体験型展示などがある。
☎011-706-2658 ⏰10〜17時 休月曜（祝日の場合は翌平日）

徒歩6分

▶体験型展示「感じる展示室」と館内展示のマンモス

重厚な建物は昭和4年（1929）に旧北海道帝国大学として建設された

4 ポプラ並木
ぽぷらなみき

高さ30mほどのポプラが道の両脇に約72本そびえ立つ、北大のシンボルスポット。

ウッドチップが敷かれた道を約80m散策できる

徒歩12分

ゴール！

5 札幌農学校第2農場
さっぽろのうがっこうだいにのうじょう

クラーク博士の構想によって、明治9年（1876）に開設された実践農場。一戸の酪農家をイメージした畜舎と関連施設が並ぶ。
☎011-706-2658 ⏰8時30分〜17時 休第4月曜

1 北海道最初の畜産経営の実践農場として開設
2 収穫室や穀物庫など明治期の農場建築が現存
3 建物内部は当時の農具などが展示されている

海鮮丼にする？カニ三昧にする？
二大海鮮メニューを味わい尽くす！

せっかく北海道に来たなら鮮度・質ともにとびっきりの海鮮メニューを味わいたい。
そんな海鮮メニューの巨塔ともいえる海鮮丼＆カニ料理。おすすめはココ！

市場直送の新鮮魚介を
ダイナミックに盛り付け

海鮮丼3270円
うま味濃厚なイクラやプリ
プリのボタンエビなど、15
種類の魚介が盛られる。

かいせんしょくどう きたのぐるめてい
海鮮食堂 北のグルメ亭

海鮮市場「北のグルメ」に併設する
海鮮食堂。とれたての新鮮魚介や自
家製イクラを使う、15種類のバラエ
ティ豊かな海鮮丼が揃う。炭火で焼
き上げたシマホッケ焼やきんき焼な
ど、単品も充実。

☎011-621-3545 🏠札幌市中央区北11西
22-4-1 🕐7時～14時30分LO 🈳無休 🚃地
下鉄東西線二十四軒駅から徒歩7分 🅿100
台 🅼🅰🅿付録表④D1

全320席を備
える広々とした
店内

しょくじどころながもり
食事処ながもり

海産物店に併設された海鮮食堂。秘
伝のタレで仕込む絶品イクラはまさに
海の宝石箱だ。いくら丼、海鮮丼ほか、
季節の刺身や焼き魚の定食メニュー
も豊富に揃っている。平日は地元客で
も賑わう人気店。

☎011-222-6733 🏠札幌市中央区南3東
1-8 🕐7～16時（冬季は～15時）🈳無休 🚃
地下鉄大通駅34番出口から徒歩7分 🅿提
携あり 🅼🅰🅿付録表④F2

店内は21席のカウンターが
あり厨房と壁に面している

当日仕入れた旬ネタが
丼からこぼれんばかり！

いくら丼3000円
秘伝ダレで漬けた自家製イ
クラはとろりと甘い

カニ専門店

すすきの

さっぽろかにや ほんてん

札幌かに家 本店

目にも鮮やかなカニ料理に舌鼓

カニ会席やカニしゃぶなど、味わいも内容も充実するコース料理や、多彩な一品メニューで、カニ料理を心ゆくまで楽しめる。ズワイガニのお造りをはじめ、カニずしなど一品料理は、バラエティ豊かに50種以上。

☎011-222-1117 住札幌市中央区南4西2-11 ⏰11～14時LO、17～21時30分LO 休無休 交地下鉄南北線すすきの駅から徒歩3分 Pなし MAP付録表⑤H3

★予算 昼2000円～、夜6000円～
★予約 可
※個室はサービス料10％別途

ふらの
1人前 8250円
かに豆腐、ズワイガニのお造り、小鍋、かにグラタンなど全10品のコース
※写真はイメージ

▲地下2階～地上7階の大型店にはテーブル席、座敷、個室を用意

すすきの

きょうどりょうりてい すぎのめ

きょうど料理亭 杉ノ目

風格漂う老舗で選りすぐりの北の幸を

創業昭和38年（1963）のカニと北海道料理の老舗。厳選された素材で彩り豊かに仕上げるカニ会席をはじめ、北海道の郷土料理を堪能できる。羊蹄コースではカニ本来の旨みを活かした調理法で提供。

☎011-521-0888 住札幌市中央区南5西5 ⏰17時～22時30分LO 休日曜、祝日（連休時は要問合せ）交地下鉄南北線すすきの駅（4番出口）から徒歩3分 Pなし MAP付録表⑤G3

★予算 1万5000円～
★予約 可
※カウンター席はサービス料10％、個室はサービス料15％と部屋代1100円別途

カニ＋郷土料理

羊蹄コース
1人前 1万1000円 (1名～)
焼きタラバやカニ甲羅揚げ、旬の一品料理など全8品

1石蔵を改装した佇まい **2**アイヌの家屋を再現した部屋「チセ」でカニ三昧

📖 市場では海鮮みやげ探しも楽しみ。魚を選ぶときは表面の光沢をチェックしましょう。ツヤツヤ輝いているのが脂のりのいい証しです。

憧れのカウンター席で、お手軽回転寿司で、札幌のお寿司はハイレベル！

日本海、太平洋、オホーツク海の3つの海に囲まれた北海道は海の幸が豊富です。
極上ネタを名店のカウンターでいただくのはもちろん、回転寿司もおすすめです。

カウンター席で、極上のすしをじっくりと

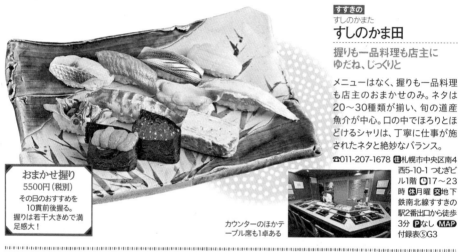

おまかせ握り
5500円（税別）
その日のおすすめを
10貫前後握る。
握りは若干大きめで満
足感大！

カウンターのほかテ
ーブル席も1卓ある

すすきの
すしのかまた
すしのかま田

握りも一品料理も店主に
ゆだね、じっくりと

メニューはなく、握りも一品料理
も店主のおまかせのみ。ネタは
20〜30種類が揃い、旬の道産
魚介が中心。口の中でほろりとほ
どけるシャリは、丁寧に仕事が施
されたネタと絶妙なバランス。

☎011-207-1678 🏠札幌市中央区南4
西5-10-1 つむぎビ
ル1階 🕐17〜23
時 🈺月曜 🚇地下
鉄南北線すすきの
駅2番出口から徒歩
3分 🅿なし **MAP**
付録表⑤G3

すすきの
たるぜん ほんてん
たる善 本店

名店で絶品握りや料理を愉しむ

道内各地のほか全国から取り寄せる
旬のネタを極上の握りで提供。メニュ
ーや予算は好みに応じて用意してく
れる（1人1万円〜）。厳選した各地
の地酒やワインとともに、趣向を凝ら
した料理と握りを味わおう。

☎011-511-4484 🏠札幌市中央区南4西
3-2-6 LC拾六番館ビル1階 🕐17時〜翌2時
🈺日曜、祝日 🚇地下
鉄南北線すすきの駅
3番出口から徒歩2
分 🅿なし **MAP**付
録表⑤H3

高級感ある佇まいの
店内

握りコース
10,000円前後〜
焼き物や刺し身、酒肴な
ど料理6点ほどと握りの
コース。内容は季節によ
って替わる

まちのすしやしきはなまる とけいだいてん

町のすし家 四季花まる 時計台店

極上ネタを気軽に味わえる人気店

札幌市時計台の隣のビルにあり、札幌観光中の食事にぴったり。道東産を中心とする厳選したネタを、落ち着いた空間で楽しめる。握り単品2貫286円〜と価格も嬉しい。

☎011-231-0870 住札幌市中央区北1西2-1 札幌時計台ビル1階 ⏰11時〜21時30分LO 休不定休 交地下鉄大通駅30番出口から徒歩5分 Pなし MAP付録表⑤H1

カウンターのほか、ゆったり過ごせるテーブル席も

ランチセット　1430円
握りに本日の汁物、茶碗蒸しが付くセット。ランチメニューは平日11〜15時限定

回転寿司もハイクオリティ！

かいてんすし ぱさーる

回転寿司 ぱさーる

安心価格でほおばる旬の美味

ネタは約70種類と多彩で、1皿150円からとリーズナブルに味わえる。産地から毎日仕入れる旬の味はもちろん、道産日本酒も多数で楽しい。

☎011-242-5567 住札幌市中央区南4西2 南4西2ビル1階 ⏰17〜23時LO（ネタが切れ次第終了）休不定休 交地下鉄東豊線豊水すすきの駅2番出口からすぐ Pなし MAP付録表⑤H3

ビル1階にある店内は、カウンター席のみで全17席

生カキ　250円
道東・仙鳳趾産でプリプリの身が特徴

生ホッケ　250円
新鮮だからこそ味わえるネタ

活ダコ　200円
コリコリとした食感がたまらない

かいてんすし かついっせん みなみさんじょうてん

回転すし 活一鮮 南3条店

新鮮魚介を職人が握る本格寿司

道産米で握る寿司は1皿118円〜で、季節替わりや巻物を含め約50種類とバラエティ豊か。刺身や揚げ物などの一品料理と地酒も揃う。

☎011-252-3535 住札幌市中央区南3西5 nORBESA地下1階 ⏰11〜15時、16時30分〜22時30分LO（土・日曜、祝日は通し営業）休無休 交地下鉄南北線すすきの駅2番出口から徒歩3分 Pなし MAP付録表⑤G2

カウンターのほか個室風テーブル席もある

厳選仕入れの海水うに　1貫643円
とろけるような食感がたまらない

サーモン親子軍艦 1貫437円
サーモンとイクラのコンビネーションが絶妙

道内産活ほっき　2貫471円
鮮度と甘さが特徴の活ほっき

📖 回転寿司の狙い目は、産地から直送される鮮度抜群の「活ネタ」。一番おいしい時期の魚介をお手ごろ価格でいただきましょう。

名物の札幌ラーメン
はじめの一杯は王道の味噌味から

札幌グルメの代表格といえば、寒さ厳しい気候が生んだ熱々の一杯・札幌ラーメン。
多彩に揃うなかでもまずは、昭和30年ごろにこの地で誕生した"味噌"を味わいましょう。

老舗の一杯で、味噌味の
札幌ラーメンのおいしさ大解剖

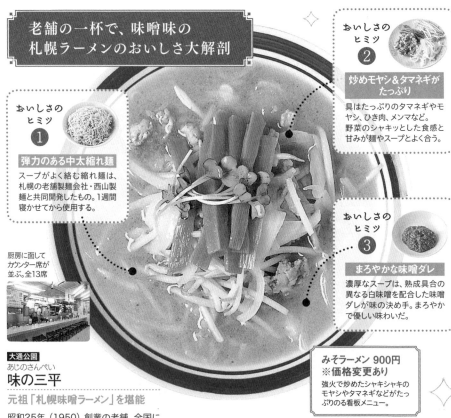

おいしさの ヒミツ ②

炒めモヤシ&タマネギがたっぷり

具はたっぷりのタマネギやモヤシ、ひき肉、メンマなど。
野菜のシャキッとした食感と甘みが麺やスープとよく合う。

おいしさの ヒミツ ①

弾力のある中太縮れ麺

スープがよく絡む縮れ麺は、札幌の老舗製麺会社・西山製麺と共同開発したもの。1週間寝かせてから使用する。

おいしさの ヒミツ ③

まろやかな味噌ダレ

濃厚なスープは、熟成具合の異なる白味噌を配合した味噌ダレが味の決め手。まろやかで優しい味わいだ。

厨房に面して
カウンター席が
並ぶ。全13席

みそラーメン 900円
※価格変更あり

強火で炒めたシャキシャキのモヤシやタマネギなどがたっぷりのる看板メニュー。

大通公園

あじのさんぺい

味の三平

元祖「札幌味噌ラーメン」を堪能

昭和25年（1950）創業の老舗。全国に広まった「札幌味噌ラーメン」は、初代店主が昭和30年（1955）ごろ味噌汁をヒントに研究・考案したのが原点。コシのある特注縮れ麺に白味噌ベースのまろやかスープ、炒め野菜とひき肉の甘みがマッチ。

☎011-231-0377 住札幌市中央区南1西3大丸藤井セントラルビル4階 営11時〜18時30分頃※なくなり次第終了 休月曜、第2火曜（不定休） 交地下鉄大通駅から徒歩3分 Pなし MAP付録表⑤H2

札幌ラーメンの歴史

札幌ラーメンは、大正11年（1922）に北大前にあった中国料理店「竹家食堂」（昭和18年閉店）で誕生したといわれる。戦後は狸小路2丁目に「だるま軒」などの屋台ラーメンが台頭。「味の三平」の初代店主によって現在主流の味噌味が考案されるまでは、醤油味が定番だった。

味の三平の
かつての店
舗。味噌ラー
メンを求める
客で賑わう

多彩な17店が揃う ラーメン横丁へ

ビルの谷間の細い路地に、17軒のラーメン店が軒を並べる「元祖さっぽろラーメン横丁」。老舗から気鋭の一杯まで、個性豊かな札幌ラーメンを味わえます。
MAP 付録表⑤H3

お味噌CHECK!
大豆や麦など3種類の味噌を使い、すりおろした野菜で甘みをプラス。

味噌ラーメン 900円
キャベツやニンジンがのり、彩りも鮮やか。熟成させたシコシコの麺がスープとマッチする。

すすきの
みそらーめんせんもんてん
にとりのけやき

味噌ラーメン専門店
にとりのけやき

繊細でキレのある極うまスープ

すすきのに暖簾を掲げる、1999年創業の味噌ラーメン専門店。鶏ガラや香味野菜でダシをとり、こだわりの味噌ダレを合わせたスープは、しっかりとコクがあるのに後味すっきりの洗練された味わいだ。深夜まで営業しているので、夜遊びの帰りに寄るのもおすすめ。

☎011-552-4601 🏠札幌市中央区南6西3睦ビル1階 🕐10時30分〜翌3時、日曜祝日〜翌2時 🈳無休 🚇地下鉄南北線すすきの駅から徒歩3分 🅿なし
MAP 付録表⑤H3

カウンター10席のみ。深夜でも行列ができる

お味噌CHECK!
数種類の素材をブレンドしたという味噌ダレ。これがスープによくなじむ。

西11丁目
らあめんせんじゅ

らあめん千寿

また食べたくなる、後引く一杯!

とろりと濃厚ながら、後味あっさりのスープが人気のラーメン店。トンコツや鶏のモミジ(鶏の足先)を短時間で煮出したスープに、味噌ダレが調和し、まろやかさを生み出している。軟らかな自家製チャーシューや半熟玉子が、さらに味わいを深める。

☎011-281-1101 🏠札幌市中央区大通西8-2-39北大通ビル地下1階 🕐11〜15時※時間変更あり 🈳日曜 🚇地下鉄東西線西11丁目駅から徒歩5分 🅿なし
MAP 付録表④E2

4人掛けのテーブル席とカウンター9席がある

味そ830円
最後まで飲み干せる濃厚&まろやかスープが、ほどよいコシの中太縮れ麺に絡み美味。

📖 各地に名物ラーメンがある北海道。なかでも札幌の「味噌」、函館の「塩」、旭川の「醤油」は北海道3大ラーメンと呼ばれています。

ディープに？おしゃれに？
好みで選べるジンギスカン

すすきのや狸小路界隈には、本場の味を楽しめるジンギスカン専門店がいっぱい。
昔ながらのカウンターやスタイリッシュな店など、好みのスタイルを選べるのも魅力です。

カウンターでワイワイ
ディープに楽しむ

カウンターに並ぶ七輪で豪快に焼いて味わう

すすきの

なまらむじんぎすかん やまごや
生ラムジンギスカン 山小屋

特製ダレがラムの味を引き立てる

カウンター15席。山小屋風の店内で味わえ
るのは、ニュージーランドやオーストラリアから
チルド状態で送られてくる生ラム。クセがなく
しっとりやわらかい肉質で、リンゴを使った
特製ダレとの相性も抜群だ。付け合わせの
野菜が食べ放題なのもうれしい。

☎011-271-2853 ⓗ札幌市中央区南4西4第5グリ
ーンビル1階 ⓛ17時～22時30分LO ⓗ日曜・祝日(連
休時は要確認) ⓧ地下鉄南北線すすきのの駅から徒歩3
分 Ⓟなし MAP付録表⑤G2

◁開店直後から
客足が途絶え
ない人気店

ラム肉990円
赤身と脂身のバランス
がいい肩ロースを使
用。トロトロは焼くことで
より甘みが際立つ。

タレ＋薬味で
召し上がれ

こちらもおすすめ
ラム肉＆シカ肉
(数量限定)1100円
山小屋特製もち 440円

白ゴマ
香ばしさに加え、
プチプチとした
食感が、いいア
クセントに。

**すりおろし
ニンニク**
パンチを求める
ならコレ。すりお
ろしタマネギも。

トウガラシ
脂身のコクや香りを、
ピリッと辛いトウガラシ
が引き締める。

タレ
野菜やリンゴを
加えて熟成させ
た、醤油ベース
の特製タレ。

すすきの

じんぎすかんだるま ほんてん

成吉思汗だるま 本店

昔ながらの店内で伝統の味を

昭和29年（1954）創業の老舗。スリットの入った鉄鍋で脂を落としながら焼くマトンは、臭みがなく、ジューシー。タレには、国産ニンニクや韓国唐辛子をお好みで。

▲カウンター16席のみの小ぢんまりとした店内

☎011-552-6013 🏠札幌市中央区南5西4クリスタルビル1階 🕐16時30分〜22時LO 🈲無休 🚇地下鉄南北線すすきのの駅から徒歩3分 🅿なし MAP付録表⑤G3
※徒歩3分以内に支店4カ所あり

こちらもおすすめ
自家製キムチ 385円
チャンジャ 330円

ジンギスカン 1190円
肩ロース、ロース、モモなど、さまざまな部位を一皿で味わうことができる。

夜景を眺めて
ロマンチックに★

北海道産羊肉 1700円
さっぱりとした後味とほのかな甘みが特徴。タマネギと長ネギはお通し150円で食べ放題。

すすきの

よぞらのじんぎすかん ほんてん

夜空のジンギスカン 本店

多彩な産地のラムを食べくらべ

ビル最上階の10階にあり、すすきのの夜景を眺めながらジンギスカンを味わえる。希少な北海道産羊肉1700円をはじめ、オーストラリア、アイスランド産などのラムを用意。

☎011-219-1529 🏠札幌市中央区南4西4MYプラザビル10階 🕐17時〜24時30分LO 🈲無休 🚇地下鉄南北線すすきのの駅から徒歩2分 🅿なし MAP付録表⑤G2

大通

まつおじんぎすかん さっぽろおおどおりみなみいちじょうてん

松尾ジンギスカン 札幌大通南1条店

味付けジンギスカンの先駆者！

空知・滝川市に本店がある老舗「松尾ジンギスカン」の直営店。秘伝のタレにじっくりと漬け込んだ羊肉は味がしみ込み、やわらかくジューシーだ。

◀シックな店内はテーブル席中心

☎011-219-2989 🏠札幌市中央区南1西4-16-1南舘ビル1階 🕐11時〜14時30分LO、17時〜22時15分LO 🈲無休 🚇地下鉄大通駅からすぐ 🅿なし MAP付録表⑤G2

こちらもおすすめ
羊スネ肉のコラーゲンスープ 550円

ジンギスカン 食べ放題 4000円〜
野菜・ご飯・うどん・薬味とおつまみ、さらに特製羊肉ソーセージも食べ放題

スタイリッシュな店内でいただく

ジンギスカン（肩ロース）1210円
数日間熟成させることで、よりやわらかな食感に。タマネギや長ネギなどの追加各275円。

すすきの

ひげのうし

ひげのうし

空間デザイナー設計のシックな店

タイル敷きの床に木目のシックな壁と、こだわりを感じる、モダンでオシャレな造り。ジンギスカン各種ほか、サラダやいもバター、デザートなど多彩なメニューが揃う。

☎011-281-2980 🏠札幌市中央区南3西5 🕐17時〜24時30分LO（日曜、祝日は〜23時30分LO）🈲不定休 🚇地下鉄南北線すすきのの駅から徒歩5分 🅿なし MAP付録表⑤G2

📖 ジンギスカン店では、どうしても煙で服に匂いが付いてしまいます。気兼ねなく味わうなら、匂いが付いてもいいラフな服装で。

札幌 ●ジンギスカン

素敵タウン円山で訪ねたい
カフェ&レストラン

ちょっとのぞきたくなるような、雰囲気のいい店が点在する円山エリア
は市街地の西にある閑静なエリア。ふらりと散策してみましょう。

木造民家を
リノベーション
ステキカフェへ

▲吹き抜けの店内。1階からコーヒーを
淹れるいい香りが上ってくる

森の雫 748円
季節のタルト 528円

◀タルトには、旬
の野菜や果物が
使われる

▶各テーブルに
は素敵な花器
に季節の花が

もりひこ
森彦

**懐かしい空間で
安らぎのひと時を**

自社焙煎珈琲ブランドのカフェ。
築70年ほどの民家を改装したレ
トロ感漂う店内で、香り深い一杯
を楽しめる。店頭ではコーヒー豆
の量り売りも。
☎0800-111-4883
住札幌市中央区南2西26-2-18 時10時
～20時30分LO 休無休 P9台 交地
下鉄東西線円山公園駅から徒歩4分
MAP 付録表④D2

▲山ブドウのツタが這う白壁の建物。
秋には山ブドウの実がなる

こうぼう さっぽろこーひーかん
きたまるやまてん
珈房 サッポロ珈琲館
北円山店

**香り豊かな一杯を
レトロモダンな空間で**

自社契約農園産の生豆を炭火で焙煎す
る、自家焙煎コーヒーが人気。昭和6年
(1931)築の古民家を再利用した空間
は居心地がよい。自家製スイーツも魅力。
☎011-615-7277 住札幌市中央区北6西20-1-
5 交地下鉄東西線西18丁目駅から徒歩10分
時9～19時 休月曜 P9台 MAP 付録表④D1

午後の珈琲･ハウスブレンド 500円
チョコレートシフォン 407円

▲シフォンケーキはチョコレート
ほか、季節の味もある

▶窓辺や柱など、建築当
時の面影を残す店内

▲窓辺から差す陽光も、席の配置も心地よい店内

▲テーブルや棚など、店主こだわりのアンティーク家具が置かれる

らさんて
La Santé

新鮮食材でその季節を表現

肉や魚だけでなく、野菜は近郊農家から直接仕入れるなどこだわりの食材を用い、季節感あふれるフレンチを提供。牧場から一頭買いする羊肉のメニューが特にオススメ。

季節の素材を楽しむコース 8800円

▲オーナーシェフが腕を振るい、季節を伝える全7皿のコース

☎011-612-9003 住札幌市中央区北3西27-2-16 交地下鉄東西線西28丁目駅から徒歩3分 ⏰12時～12時30分LO(ランチ営業は土・日曜、祝日のみ)18時～19時30分LO 休水曜、木曜 P2台 MAP 付録表④C2

▲住宅街の隠れ家レストラン

まるやまさりょう
円山茶寮

レトロカフェでほっとひと息

築50年ほどの一軒家を利用した店内は、隠れ家的雰囲気。木の温かみのある空間でゆったりと時を過ごせる。名物のぜんざい850円～ほか、スイーツのセットメニュー680円～も揃う。

いちごぜんざい 980円

▲アイスの上に、イチゴソースがたっぷり

☎011-631-3461 住札幌市中央区北4西27-1-32 ⏰11～22時 休木曜 P3台 交地下鉄東西線西28丁目駅から徒歩3分 MAP 付録表④C2

◀看板猫のこっこ。席に来てくれることも

▲1階のカフェでも雑貨類を販売

フレンチトースト(塩キャラメルソース) 1250円

▲中はトロトロで外はサクッ。ビターで食べやすい

◀北海道の名物をデザインした手ぬぐいほか、素敵な雑貨を販売

じぇっとせっと.かけるはらいそ。
JETSET.×はらいそ

カフェブームを牽引した人気店

50～60年代のインテリアでまとめられたおしゃれな空間で、エッグベネディクトなどの手作りメニューを。2階の雑貨店「はらいそ。」もぜひのぞいてみて。

☎011-621-2848 住札幌市中央区大通西22-1-7 交地下鉄東西線円山公園駅5番出口から徒歩5分 ⏰11時30分～20時LO 休月曜(祝日の場合は翌日) P4台 MAP 付録表④D2

📖 円山地区は札幌で屈指の高級住宅地。高級フレンチや老舗和菓子店など、円山マダムご用達のハイクラスな店も充実しています。

スイーツ激戦区・札幌で
北海道産のブランドスイーツを食べ比べ！

ミルクや小麦などの一大生産地・北海道には全国的に知られるお菓子がたくさん。
札幌にある人気ブランドの直営店で自慢のスイーツを味わおう。

ろっかてい さっぽろほんてん
六花亭 札幌本店

北海道を代表する
有名ブランド

帯広発の人気菓子店・六花亭の札幌旗艦店。マルセイバターサンドをはじめ人気のお菓子とオリジナルグッズなどが揃うショップや特別メニューを用意する喫茶店、アートギャラリー、コンサートホールも備える。

☎0120-12-6666(通話料無料)
🏠札幌市中央区北4西6-3-3
🕐10時～17時30分(喫茶室は11～16時LO、季節により変動あり)🈚
無休 🚉JR札幌駅から徒歩5分 🅿
なし **MAP**付録表④E2

ホットケーキ
700円
ふわふわの生地にバターとメープルシロップが抜群の相性

さまざまな商品が揃う1階のショップスペース

マルセイ
アイスサンド
230円
マルセイバターサンドをアイスにした一品

ケーキセット
917円
数種から選べるケーキとドリンクに、シフォンケーキとソフトクリームが付いて大満足！

北菓楼特製
オリジナル
ソフトクリーム 418円
道産牛乳を使っており口当たりがクセになる！

大正15年(1926)築の歴史的建造物をモダンに演出

きたかろう さっぽろほんかん
北菓楼 札幌本館

歴史的建造物を改築した
空間で絶品スイーツを

1階はショップ、2階はかつて図書館だった部屋をリノベーションし、約6000冊の本が並ぶライブラリーカフェ。スイーツなどさまざまなメニューが楽しめるほか、不定期にミニコンサートなども開催する。

☎0800-500-0318 🏠札幌市中央区北1西5-1-2 🕐10～18時(カフェは11時～16時30分LO,食事メニューは～14時LO)🈚無休 🚉地下鉄大通駅5番出口から徒歩5分 🅿なし **MAP**付録表⑤G1

きのとや 大通公園・KINOTOYA cafe

きのとや おおどおりこうえん・きのとや かふぇ

札幌発・人気洋菓子店の直営

ケーキ各種をはじめ、口どけなめらかなソフトクリームなどが味わえる。直営農場の卵や放牧牛乳で作る、たまごプリン378円にも注目。

☎011-233-6161 🏠札幌市中央区大通3 大通BISSE1階 🕙10〜20時 🈺無休 🚇地下鉄大通駅、札幌駅前地下歩行空間13番出口直結 🅿なし MAP付録表⑤H1

陽光が差し込む明るい雰囲気

オムパフェ 594円
ふわふわの生地に生クリームとカスタードクリーム、つぶ餡、フルーツがたっぷり

ユートピアのおいしい放牧牛乳ソフト 380円
直営牧場の放牧牛乳を使った味わい深いソフトクリーム

和栗のモンブラン 499円
栗の味わいを中のクリームが引き立てる

苺の王様ショート 642円
イチゴの酸味を引き立てる上質なショートケーキ

コーヒー 130円
オリジナルブレンドの香ばしいコーヒー

※価格はいずれもイートイン価格

もりもと ミュンヘン大橋店

もりもと みゅんへんおおはしてん

千歳発・札幌市民に人気のできたてケーキがいろいろ

みやげ菓子として有名な「ハスカップジュエリー」に加え、洋菓子やパンも人気。なかでもケーキは「さっぽろスイーツコンペティション」でグランプリを受賞するなど評価も高い。

☎011-817-4181 🏠札幌市豊平区平岸1-22-2-1 🕙10〜19時 🈺無休 🚇地下鉄南北線澄川駅西口から徒歩15分 🅿670台(共用) MAP付録表③A2

イートインは14席。パンや和菓子、洋菓子なども多数取り扱う

雪印パーラー 札幌本店

ゆきじるしぱーらー さっぽろほんてん

新鮮ミルクが生み出す伝統の味

濃厚なアイスや約30種類のパフェを揃える。昭和天皇に献上されたアイスクリーム「スノーロイヤル」はぜひ味わいたい逸品。

☎011-251-7530 🏠札幌市中央区北2西3-1-31 🕙11時〜17時30分(時期により変更あり) 🈺無休 🚇札幌駅地下歩行空間5番出口から徒歩2分 🅿なし MAP付録表⑤H1

スノーロイヤルストロベリーパフェ 1160円
ストロベリーソースの酸味がスノーロイヤルの甘さを引き立てる

生キャラメルバナナパフェ 1450円
ミルクの風味豊かなアイスクリームと生キャラメルの香ばしいコクと甘さが絶妙!

札幌駅前通から一本中通りに入った場所にあり、席数は90席ほど

📖 毎年開催の「さっぽろスイーツコンペティション」では札幌近郊のパティシエが腕を競い、グランプリメニューは各加盟店でアレンジして販売されます。

まだまだあります！おいしいもの
スープカレー、ジビエ、夜パフェ

海鮮丼にジンギスカン、ラーメン以外にもまだまだあるんです、札幌のおいしいもの。
スープカレーに北海道ジビエ、そしてフォトジェニックなパフェを紹介します。

スープカレー

ナット・挽肉ベジタブル 1050円
納豆をはじめ、オクラ、ナメタケなど、ネバネバ素材が主役となる一番人気のカレー。

スープの決め手
独自のスパイス配合で、コク・うま味・辛味のバランスがとれた味に。

スープの決め手
鶏ガラをベースにじっくり炒めたタネギと独自のスパイスで仕上げを。

ビル地下にある、隠れ家的なカレー店。店内には心地よくレゲエが流れている

まじっくすぱいす
マジックスパイス

スープカレーの名付け親！

チキンベースのさらりとしたスープは医食同源がテーマ。漢方を参考に選ばれた約20種のスパイスを使う。辛さは覚醒+66円から虚空+264円まで7種あり、涅槃+209円以上から具の量が増えていく。

北恵道
1254円+
涅槃（辛さ）209円
やわらかなチキンレッグほか、色とりどりの道産野菜やマメなど15種類の具材が入る。

☎011-864-8800 🏠札幌市白石区本郷8南6-2 ⏰11～15時、17時30分～22時(土・日曜、祝日11～22時) 休水・木曜 🚇地下鉄東西線南郷7丁目駅から徒歩3分 🅿16台 MAP付録表③B2

ヒンドゥー教の神・ガネーシャの像が目印

むらかみかれーてん ぷるぷる
村上カレー店 プルプル

納豆メニューで一世を風靡

栄養たっぷりのスープカレーが魅力。パンチの利いたキレのある味わいに定評があり、ネバネバ食材を用いたカレーは特にリピーターも多い。辛さは0～100番まで無料（ランチタイムの20番～有料）。

☎011-272-1190 🏠札幌市中央区南2西9 ケンタクビル29地下1階 ⏰11時～14時30分、17～20時 休日曜、祝日 🚇地下鉄東西線西11丁目から徒歩3分🅿なし MAP付録表④E2

北海道ジビエ

真髄！熊ステーキ
1985円
クマ肉というイメージからは想像がつかないほど、やわらかくクセのない味わい

たびびときっちん
tabibitoキッチン

ハンター直送のジビエに舌鼓

道東のハンターから直接仕入れる、新鮮なジビエを使ったメニューが自慢。エゾ鹿肉はもちろん、北海道でも珍しいヒグマ肉もステーキやチャーハンなどで楽しめる。豊富に揃う小樽ビール各種や道産ウイスキーとともに味わおう。

☎011-206-9946 🏠札幌市中央区南2西7 M'Sスペース2階 ⏰16～24時 休不定休 🚇地下鉄大通駅1番出口から徒歩5分 🅿なし MAP付録表④E2

店内はカウンターとテーブルなど20席ほど

パフェ

ぱふぇ、こーひー、さけ、さとう
パフェ、珈琲、酒、佐藤

絶品パフェとこだわりのドリンクを

道産牛乳で作るアイスクリームをはじめ、ムースや焼き菓子などもオリジナル。ネルドリップで丁寧に抽出する珈琲・イタリアンロースト605円ほか各種アルコールなどドリンクも充実。メニューの価格変更予定あり。

☎011-233-3007 🏠札幌市中央区南2西1-6-1第3広和ビル1階 🕐18時～23時30分LO(土曜は13時～24時30分LO,日曜、祝日は～23時30分LO) 🈺月曜(祝日の場合は翌日) 🚇地下鉄大通駅から徒歩2分 🅿なし MAP付録表⑤H2

狸小路1丁目に位置。店は和モダンな全25席

塩キャラメルとピスタチオ
1454円
ほどよい酸味のカシスムースの上には、塩キャラメルとピスタチオのアイスクリームが。各々の風味もよく相性抜群!

ショコラとマンゴー
1625円
盆栽をイメージしたパフェ。器の底にはジュレやクリーム、果物がたっぷり。

いにしゃる
INITIAL

おしゃれな空間で、アートなパフェが楽しめる

2016年のオープン以来、自家製ジェラートが評判のスイーツバー。味わいだけでなく、盛り付けにもこだわる独創的なパフェは、季節替わりなど全6種。どれもカクテルのようにスタイリッシュ。

☎011-211-0490 🏠札幌市中央区南3西5-36-1F・DRESS五番街ビル2階 🕐14時～23時30分LO(日曜、祝日は～22時30分LO) 🈺無休 🚇地下鉄南北線すすきの駅から徒歩3分 🅿なし MAP付録表⑤G2

狸小路に面したビルにある全35席の素敵空間

おすすめメニュー
いちごづくし **2200円**
たっぷりの旬のイチゴと3種類の自家製ソフトクリームが一度に味わえるお店で一番人気のパフェ

パルフェ ソレイユ **1518円**
ミカンとイチゴをメインに、瀬戸内レモンのジェラートやピスタチオのヌガティーヌなど、甘さと苦味が調和する大人パフェ

ぱふぇせんもんてん しあわせのれしぴ～すいーと～すすきのてん
パフェ専門店 幸せのレシピ ～スイート ～すすきの店

人を幸せにするスイーツが満載

パフェ専門店でありながら、ソフトドリンク、ワイン、ブランデー、ウイスキーなどもある。季節に合わせたフルーツの素材を使ったパフェは見た目も華やか。

☎011-596-9852 🏠札幌市中央区南3西4 ビックシルバー地下1階 🕐平日19時～午前2時LO,土・日曜13時～午前2時LO 🈺無休 🚇地下鉄南北線すすきの駅から徒歩2分 🅿なし MAP付録表⑤G3

白を基調としたおとぎばなしのような空間

おすすめメニュー
季節の果実 舞踏会のパフェ
1980円
旬の果実をふんだんに盛り付けたインスタ映えする贅沢すぎるパフェ(果実は季節によって変更あり)

ルイボスティー各種
(セット価格)400円～
ひんやりパフェと相性のよいルイボスティー。セット注文して交互に味わえばエンドレスで楽しめそう

 📖 札幌は昔ながらの喫茶店が似合うまち。郷愁を誘う店内でほろ苦いコーヒーと喫茶店のパフェを味わってみて。

ココにも行きたい

札幌のおすすめスポット

📷 しろいこいびとぱーく
白い恋人パーク

お菓子の一大パークへ

白い恋人の製造ライン見学やお菓子作り体験、オリジナルスイーツなど、観て、知って、味わって、体験できる、お菓子のテーマパーク。**DATA**☎011-666-1481 🏠札幌市西区宮の沢2-2-11-36 💴大人800円、子ども400円、3歳以下無料（入館一部無料）🕐10～17時（見学受付は～16時）🏠無休　※変更の場合あり 🚉地下鉄東西線宮の沢駅から徒歩7分 🅿120台 **MAP**付録表③A2

白い恋人パークの象徴ともいえる時計塔。毎正時にからくり人形の動物たちが動き出す

「白い恋人」の製造ラインなどを見学できる

📷 さっぽろしまるやまどうぶつえん
札幌市円山動物園

イキイキと活動する動物たちを間近に

昭和26年（1951）開園。2021年に70周年を迎えた、北海道で最初の動物園。約22万㎡の敷地内に約170種を、生息環境をできるだけ再現して展示している。国内最大級のゾウ舎は必見。**DATA**☎011-621-1426 🏠札幌市中央区宮ケ丘3-1 💴入園800円 🕐9時30分～16時30分（11～2月は～16時、最終入園は各30分前）🏠第2・4水曜（祝日の場合は翌日）🚉地下鉄東西線円山公園駅前からジェイ・アール北海道バス円山町神社行きで8分、動物園前下車すぐ 🅿959台（700円）**MAP**付録表④C2

2019年にオープンしたゾウ舎では4頭のアジアゾウを展示

水中トンネルを泳ぐ姿を間近に眺めることができる

⛩ ほっかいどうじんぐう
北海道神宮

北海道のパワースポット

自然豊かな円山地区に建つ北海道の総鎮守。明治4年（1871）に現在地に移され、2019年に御鎮斎150年を迎えた。境内には開拓神社など、開拓にちなんだ3つの境内社がある。**DATA**☎011-611-0261 🏠札幌市中央区宮ケ丘474 🕐6～17時（季節により変動あり）🏠無休 🚉地下鉄東西線円山公園駅から徒歩15分、または円山公園駅からジェイ・アール北海道バス宮の森シャンツェ前行きなど2分、神宮前下車すぐ 🅿240台（1時間500円）**MAP**付録表④C2

堂々たる姿の北海道の総鎮守

境内にある休憩所「六花亭 神宮茶屋店」では限定の焼きあんもち「判官さま」を販売

📖 ほっかいどうさっぽろ「しょくとかんこう」じょうほうかん
北海道さっぽろ「食と観光」情報館

北海道観光の情報はココで！

JR札幌駅西コンコース北口にある観光案内所で北海道各地のパンフレットを置くなど多彩な情報を発信。特産品のショップも併設。**DATA**☎011-213-5088（北海道さっぽろ観光案内所）🏠札幌市北区北6条4 JR札幌駅西コンコース北口 🕐8時30分～20時 🏠無休 🚉JR札幌駅直結 🅿なし **MAP**付録表④E1

道内各地の約1500のパンフレットを用意

📷 じぇいあーるたわーてんぼうしつてぃーすりーえいと
JRタワー展望室T38

札幌の街並みを一望できる展望室

道内No.1の高さを誇る展望室からは札幌の市街地や周囲の山々のパノラマビューが楽しめる。昼間はもちろん夜景もおすすめ。**DATA**☎011-209-5500 🏠札幌市中央区北5西2-5 🕐10～22時（入場は～21時30分、変更の場合あり）💴入場740円 🚉JR札幌駅直結 🅿あり（2000円以上の利用で2時間無料 ※入場料は対象外）**MAP**付録表④F1

札幌を代表する夜景スポットのひとつ

📷 なかじまこうえん
中島公園

都心のオアシスでひとやすみ

すすきのの南側にある都市公園で、緑豊かな園内にはコンサートホールや天文台が点在。夏には公園の中央にある菖蒲池でボート遊びも楽しめる。季節で表情を変える日本庭園にもぜひ。**DATA**☎011-511-3924 🏠札幌市中央区中島公園1 🕐散策自由 🏠日本庭園は冬期閉園 🚉地下鉄南北線中島公園駅または幌平橋駅からすぐ 🅿なし **MAP**付録表④J3

野鳥の姿も見られる園内中心部の菖蒲池

🎿 大倉山ジャンプ競技場
おおくらやまじゃんぷきょうぎじょう

選手の目線で札幌を一望

昭和47年（1972）に開催された冬季オリンピック札幌大会の会場になった競技場。札幌市街地を見渡す景色やジャンプ台を間近に楽しもう。**DATA**☎011-641-8585 🏠札幌市中央区宮の森1274 ¥リフト往復1000円 休施設により異なる（リフト整備期間、大会・公式練習日などは要問合せ）🚊地下鉄東西線円山公園駅からジェイ・アール北海道バスくらまる号で15分、大倉山ジャンプ競技場入口下車すぐ P113台（無料。大会日・公式練習日は利用不可）**MAP**付録表③A2

オリンピックの舞台となったジャンプ台を間近に見ることができる

展望台からは札幌市街やジャンプ台の急斜面が楽しめる

🎵 サッポロさとらんど
さっぽろさとらんど

体験収穫もできる広大な公園

農作物の収穫やバター作り、そば打ち体験などを通じて農業に親しめる体験交流型施設。遊具広場やガーデン、体験農園があるほか、動物とのふれあいも楽しめる。**DATA**☎011-787-0223 🏠札幌市東区丘珠584-2 ⏰9〜18時（冬期は〜17時）¥入場無料 休月曜（祝日の場合は翌日、夏期は無休）🚊地下鉄東豊線新道東駅から北海道中央バス中沼小学校行きで15分、丘珠高校前下車、徒歩10分 P1800台 **MAP**付録表③B1

旬野菜の体験収穫が人気

🏛 札幌芸術の森
さっぽろげいじゅつのもり

四季の自然と共に芸術を感じる

約40万㎡の敷地に美術館や工房、野外ステージなどがあるアート施設。屋外にも彫刻が展示される、自然の中で芸術作品に触れながら過ごすことができる。**DATA**☎011-592-5111 🏠札幌市南区芸術の森2-75 ¥施設により異なる ⏰9時45分〜17時（6〜8月は17時30分、最終入園は各30分前）休無休（11月4日〜4月28日は月曜休）🚊地下鉄南北線真駒内駅から北海道中央バス空沼線・滝野線で15分、芸術の森入口下車すぐ P594台（500円）**MAP**付録表③A3

札幌芸術の森
©マルタ・パン「浮かぶ彫刻・札幌」

園内の「札幌芸術の森美術館」には約1500点をコレクションしている

🛍 千歳鶴 酒ミュージアム
ちとせつる さけみゅーじあむ

明治創業の札幌唯一の酒蔵

札幌の酒蔵「千歳鶴」の蔵元直売店。明治5年（1872）創業の歩みを展示するほか、試飲カウンターがある。地酒の購入も可能。**DATA**☎011-221-7570 🏠札幌市中央区南3東5 ⏰10〜18時 ¥見学無料 休無休 🚊地下鉄東西線バスセンター前駅6番出口から徒歩7分 P5台 **MAP**付録表④F2

多様なお酒に思わず目移り

🚃 北海道開拓の村
ほっかいどうかいたくのむら

開拓期の暮らしを村ごと再現

明治から昭和初期にかけての歴史的建造物52棟を移築・復元し、その時代の生活を体感できる施設。**DATA**☎011-898-2692 🏠札幌市厚別区厚別町小野幌50-1 ⏰9時〜16時30分、最終入村30分前（5〜9月は〜17時）¥入村800円 休月曜（祝日の場合は翌日）🚊地下鉄東西線新さっぽろ駅からジェイ・アール北海道バス開拓の村行きで20分、終点下車すぐ P400台 **MAP**付録表③B2

明治6年（1873）に建てられた開拓使札幌本庁舎を再現

馬車鉄道で当時のムードを満喫

🛍 北海道どさんこプラザ 札幌店
ほっかいどうどさんこぷらざさっぽろてん

札幌駅でおみやげを買うならココ

北海道内各地の特産品を扱うショップで約2000種類のアイテムが揃う。お菓子などのほか、地方の特産品や加工品も要チェック！**DATA**☎011-213-5053 🏠札幌市北区北6西4 JR札幌駅西コンコース北口 ⏰8時30分〜20時（日曜・祝日は〜19時）休無休 🚊JR札幌駅直結 Pなし **MAP**付録表④E1

北海道名物をコンプリートしよう

グルメにエンタメ、ショッピング!!
新千歳空港で北海道を満喫しましょう

まるで北海道のショールームのように、充実した施設が魅力の新千歳空港。
ご当地グルメや有名菓子メーカーの店、エンタメ施設などみどころ満載です。

国内線ターミナルビルの
2〜4階に注目です!

オアシス・パーク 〔4階〕

国内空港初の宿泊施設付き天然温泉「新千歳空港温泉」や、北海道の魅力も満載の「雪ミク スカイタウン」などで、フライトの待ち時間を快適に過ごせるフロア。ショップやカフェ、映画館もある。

▶露天風呂が楽しめる
新千歳空港温泉

グルメ・ワールド
スマイル・ロード 〔3階〕

国内線3階にあるフードコートでは滑走路を眺めながら食事が楽しめる。国内線と国際線を結ぶ連絡施設「スマイル・ロード」にはエンタメ施設やスイーツ店がずらり。

▶424席もある開放
的なフードコート

ショッピング・ワールド 〔2階〕

おみやげを探すなら、搭乗カウンターのある2階フロアへ。農・海産物が揃う「どさんこ産直市場」や道内の有名菓子メーカーのショップが集まる「スイーツ・アベニュー」など、多彩な店が並ぶ。

▶約80店舗が
入る2階フロア

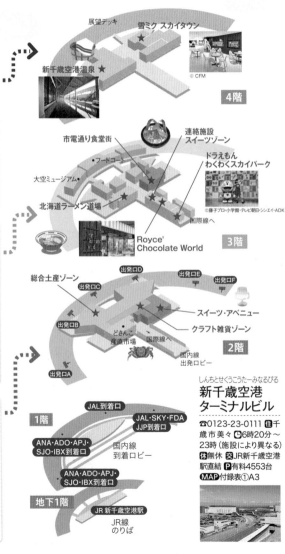

展望デッキ
雪ミク スカイタウン
新千歳空港温泉
© CFM
〔4階〕

市電通り食堂街
連絡施設
スイーツゾーン
ドラえもん
わくわくスカイパーク
・フードコート
大空ミュージアム・
©藤子プロ・小学館・テレビ朝日・シンエイ・ADK
北海道ラーメン道場
国際線へ
Royce'
Chocolate World
〔3階〕

総合土産ゾーン
出発口D
出発口E
出発口F
出発口C
スイーツ・アベニュー
出発口B
クラフト雑貨ゾーン
どさんこ
産直市場
国際線へ
〔2階〕
国内線
出発口A
出発ロビー

JAL到着口
1階
JAL・SKY・FDA
JJP到着口
ANA・ADO・APJ・
SJO・IBX到着口
国内線
到着ロビー
ANA・ADO・APJ・
SJO・IBX到着口
地下1階
JR 新千歳空港駅
JR線
のりば

しんちとせくうこうたーみなるびる
新千歳空港
ターミナルビル

☎0123-23-0111 住千歳市美々 🕐6時20分〜23時(施設により異なる) 休無休 交JR新千歳空港駅直結 P有料4553台 MAP付録表①A3

これがイチオシ! 空港グルメ

北海道グルメが大集結する新千歳空港。
国内線ターミナルビル3階で旅の最後まで満喫しよう。

北海道のご当地グルメを
いただきます

北海道を代表する
海の幸を贅沢に!

From 釧路

雲丹・いくら・タラバ釜めし 3980円

ほっかいかまめし かいせんぎんしゃり ふくてい
北海釜めし 海鮮銀しゃり ふく亭

北海道の厳選食材を使用した旨みたっぷりの釜めし
を提供。約10分で炊きたての味わいを楽しめる。
☎0123-25-8222 🕙11時〜19時30分LO

From 札幌

野菜たっぷりの
スパイスが利いた
スープ

チキンto野菜カレー
焙煎エビスープ仕立て
1620円

すーぷかれー らうい しんちとせくうこうてん
スープカレー lavi 新千歳空港店

札幌の人気店。北海道産の食材を使
用したスープカレーは、トマトの酸味と
シナモンの風味が特徴で味わい深い。
☎0123-21-8618 🕙10時30分〜20時LO

From 滝川

味付けジンギスカン
で知られる人気店

まつおじんぎすかん
しんちとせくうこうてん
**松尾ジンギスカン
新千歳空港店**

野菜や果物、香辛料な
どをブレンドした秘伝の
タレに漬け込み、羊肉の
旨みを引き出す。セット
はライス、味噌汁、サラ
ダ付き。
☎0123-46-5829
🕙10時〜20時30分LO

特上ラムジンギスカンセット 2070円

函館の名物食堂で
豪華な海鮮を
堪能!

From 函館

はこだてごとうけん しんちとせくうこうてん
函館五島軒 新千歳空港店

明治12年（1879）に創業、北海道最古の
洋食店。五島列島から取り寄せた五島手延
うどんと自慢のカレーがベストマッチ。
☎0123-29-6750
🕙11時〜20時30分LO

欧風カレー×五島
手延うどんの
コラボ

五島軒カレーうどん 伝統の牛スープ
（ライス付き）1540円

親子と他人の海珍丼
2780円（ミニ2480円）

あじどころ きくよしょくどう しんちとせくうこうてん
味処 きくよ食堂 新千歳空港店

函館の朝市で昭和31年（1956）
に創業、地元でも評判の食堂。種
類豊富な海鮮丼のほか、刺身や
焼き物なども人気。
☎0123-21-9943
🕙11時〜20時30分LO

絡め焼きが
おいしさの秘訣

From 十勝

豚丼 990円

どらいぶいんいとうぶたどんせんもんてん「ぶたどんめいじん」
ドライブインいとう豚丼専門店「豚丼名人」

北海道産の本ロース豚を使用。油を使わ
ず、秘伝のタレを絡めて丁寧に焼き上げ
ることで、肉厚なのにやわらかい食感に。
☎0123-46-4200 🕙11時〜17時30分LO

📖 滑走路を望む4階「展望デッキ」からは、飛行機の離発着シーンを眺められます（悪天候時と12〜3月の冬期は閉鎖）。入口は3階です。

フライト前に空港でおみやげ探し
大定番＆大人気のおみやげ10選

フライト前にはおみやげをセレクト。
おみやげ選びに迷ったらコレを買えば間違いなし、のアイテムをご紹介します。

何度もらってもうれしい
北海道みやげの
超定番

ISHIYAの
白い恋人

ホワイト18枚入り1198円
発売から45年以上愛され
続ける北海道みやげの代表
格。ラング・ド・シャにホワイ
トチョコレートが挟まれ、シン
プルで飽きがこない味わい。
A B C

全国で愛される
濃厚レーズンサンド

六花亭の
マルセイバターサンド　**10個入り1350円**
道産生乳100％のバターを合わせたラムレー
ズン入りクリームを六花亭専用小麦粉を使ったビ
スケットでサンドしたロングセラー商品。
A B C

絶妙な甘さと
塩味がクセになる
味わい

ロイズの
ポテトチップチョコレート
190g778円
パリッとした食感のポテトチッ
プにくちどけの良いチョコレー
トをコーティング。キャラメ
ルやフロマージュブランなど
のフレーバーも用意。
A B C D

深いミルク感が
たまらない！

ルタオのドゥーブル
フロマージュ
直径12cm1836円
道産生クリームにイタリア産マスカルポー
ネ、オーストラリア産クリームチーズを使
用したレアとベイクドの2層仕立てのスイ
ーツ。A B

空港で人気！

ソフトクリームもCHECK！

大人気みやげ菓子
「あんぽてと」がソフト
クリームに！和風す
いーとぽてと味。

空港限定 北海道
あんぽてとソフト
400円

新千歳空港内で製造
した、ここでしか味わ
えないフレッシュなソ
フトクリーム。

空港限定 新千歳空港
ソフト
390円

抹茶味のソフトクリ
ームの中に北海道
十勝産の小豆が
入っている。

宇治抹茶
ソフト
442円

わかさいも　しんちとせくうこうてん
わかさいも 新千歳空港店
☎0123-29-3232 ⏰8〜20時

ゆきじるしぱーらー　ふーどこーとてん
雪印パーラー フードコート店
☎0123-46-2008 ⏰10〜20時

 きのとや　しんちとせくうこうふくとりーてん
きのとや 新千歳空港ファクトリー店
☎0123-29-6161 ⏰10〜19時

ミルクの風味豊かな
軽い口どけのクッキー

きのとやの
北海道ミルククッキー
札幌農学校
24枚入り1300円
たっぷりの新鮮なミルクと、北海
道産小麦やバターを使用した、
素材本来の味を感じられる口ど
けのよいクッキー。 A B C

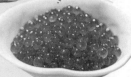

北海道の
おいしいイクラが
家で味わえる！

サックサクの食感に
手が止まらない！

カルビーの
じゃがぽっくる
10袋入り885円
北海道産のジャガイモを皮
ごとフライし、オホーツクの
塩で味付け。発売当初一世
を風靡した、スナック系み
やげの定番商品。 A B C

佐藤水産の
新千歳空港限定いくら醤油漬
 空港限定
110g2150円
道産天然鮭の旨みたっぷりのイクラを空港店オリ
ジナルのタレに漬け込んだ一品。プチプチとした
食感と絶妙な味付けがたまらない。 E

さまざまな料理の
アレンジに使える
万能ソース

NORTH FARM STOCKの
北海道バーニャカウダ
120g756円
道産ニンニクと国産アンチョビに、
イタリア産原料のエクストラヴァージンオイルを使用。バーニャ
カウダはもちろんパスタやポテトサラダにも抜群。 B C

パッケージもかわいい！
熟成乾燥で
生麺のような食感

藤原製麺の
札幌円山動物園ラーメン
塩味・醤油味各189円
円山動物園のシロクマがパッケージにデザイン
され、おいしい麺と旨みのあるスープも好評な
人気商品。塩味と醤油味の2種類。 B

乳酸菌を使った
風味の良い発酵バター

トラピスト修道院製酪工麺の
トラピストバター
200g缶入り1156円
（店舗により価格が異なる場合あり）
北斗市にあるトラピスト修道院で、
伝統的な製法で作られる、まろやか
でコクのあるバター。パンやパンケ
ーキにのせるのがおすすめ。 C

新千歳●空港みやげ10選

ココで買える！

A 国内線2階	B 国内線2階	C 国内線2階	D スイーツアベニュー	E 国内線2階
ぶるーすかい しんちとせくうこうしゅっぱつろびーてん	ほっかいどうほんぽ そうごうみやげてん	まるいいまいきたきっちん しんちとせくうこうてん	ろいず しんちとせくうこうてん	さとうすいさん しんちとせくうこうてん
BLUE SKY 新千歳空港出発ロビー店	**北海道本舗** **総合土産店**	**丸井今井 きたキッチン** **新千歳空港店**	**ロイズ** **新千歳空港店**	**佐藤水産** **新千歳空港店**
☎0120-46-2461	☎0123-46-5352	☎0123-46-5818	☎050-3786-3770	☎0123-46-5826
⏰7時10分〜20時30分	⏰7時30分〜20時30分	⏰8〜20時	⏰8〜20時	⏰8〜19時

 Craft Studio（国内線2階）では「雪の妖精」といわれているシマエナガグッズを種類豊富に取り扱っています。

富良野・美瑛への旅に出発！

富良野・美瑛へは旭川空港または新千歳空港への直行便を利用するのが一般的。
出発の時間帯や割引プランなど自分に合ったスタイルを選びましょう。

🌀 拠点は旭川空港または ✈ 新千歳空港が便利

　旭川空港へは東京（羽田）から、新千歳空港へは東京、名古屋、大阪ほか国内の主要空港から直行便が運航している。直行便は空港により季節（夏期）運航のものもあるので注意。
　また直行便が少ない空港からは東京（羽田）で乗り継ぐほうが便利な場合もある。

◎路線、運航会社、所要時間、便数などは2022年5月のものです。
◎航空のねだんは、搭乗日、利用する便や航空会社の空席予測などで変わります。
　詳しくは、各社のホームページでご確認ください。
◎右表のほか季節運航便のある空港があります。

旭川空港へ

東京（羽田）空港から		
1時間35分	1日7便	ANA・JAL・ADO

名古屋（中部）空港から		
1時間45分	1日1便	ANA　※季節運航

大阪（伊丹）空港から		
1時間55分	1日1便	JAL　※季節運航

秋田
秋

山形

🛬新
新潟

小松 ✈　✈富山

　　　　　✈信州まつもと　大
舞鶴港🛬　🛬敦賀港　　　　　　茨城
大阪（伊丹）
広島　岡山　名古屋港🛬　羽田✈
　　　✈　✈　神戸　　　　　✈富士山静岡
福岡　　　　大阪（関西）　名古屋（中部）
✈

✈那覇

ポイント ①

フェリーや新幹線で 北海道をめざす 🚢🚄

乗り慣れた自分の車で北海道を走りたい！という人には長距離フェリーがおすすめ。ホテル並みの客室や設備を備えた船が、名古屋・仙台・大洗・八戸などから苫小牧へ、新潟・舞鶴から小樽へ就航している。また、新幹線は東京駅から新函館北斗駅まで約4時間で結ぶ。全長53.9kmの青函トンネルを通過すると北海道だ。新函館北斗駅から札幌方面へは、特急列車で約3時間30分、レンタカーで約300km。

とかち帯広空港へ

羽田空港から
1時間35分　1日7便
JAL・ANA・ADO

名古屋（中部）空港から
1時間45分　1日1便
JAL　※季節運航

格安航空（LCC）を利用

成田空港、関西空港、名古屋（中部）空港などからLCCが運航。従来の航空会社とは運賃体系やサービスなどが異なるが、安く行きたい人におすすめ。

●LCC利用前にチェック！

①運賃に含まれるのは「乗るだけ」
手荷物を預けたり、座席の指定をするには、別料金が必要だ。空港に行ってから手続きすると割高になるので、ネットで予約する時に同時に申し込みを。

②空港へは1時間以上前に着いておきたい
LCCの搭乗締め切りは45〜60分前と早く、それを過ぎると搭乗できないので注意。従来の航空会社とは別のターミナルだったり、同じ建物でも場所が違う時間がかかることもあるので注意。

③ネットの運賃はその時だけ
LCCサイトの運賃表示は予約状況により変動くすることがある。「安い」と思ったら、その時に予約したほうがいい。

札幌（新千歳）空港へ

東北から

青森空港から　55分　1日5便　ANA・JAL
秋田空港から　1時間　1日4便　ANA・JAL
いわて花巻空港から　1時間　1日3便　JAL
仙台空港から　1時間10分　1日16便　ANA・JAL・ADO・IBX・APJ
山形空港から　1時間20分　1日1便　JAL・FDA
福島空港から　1時間25分　1日1便　ANA

東京・成田・関東から

東京（羽田）空港から　1時間35分　1時間に2〜5便　ANA・JAL・ADO・SKY
成田空港から　1時間45分　1日16〜20便　ANA・JAL・APJ・JJP・SJO
茨城空港から　1時間20分　1日2便　SKY

名古屋・北陸・信越から

名古屋（中部）空港から　1時間45分　1日13〜14便　ANA・JAL・ADO・SKY・APJ
新潟空港から　1時間20分　1日4便　ANA・JAL
富山空港から　1時間30分　1日1便　ANA
小松空港から　1時間35分　1日1便　ANA
信州まつもと空港から　1時間40分　1日1便　JAL・FDA
富士山静岡空港から　1時間45分　1日1〜2便　ANA・FDA

大阪・神戸から

大阪（関西）空港から　2時間　1日10〜13便　ANA・JAL・APJ・JJP
大阪（伊丹）空港から　1時間50分　1日9便　ANA・JAL
神戸空港から　1時間55分　1日6便　ANA・ADO・SKY

岡山・広島・四国から

岡山空港から　1時間50分　1日1便　ANA　※季節運航
広島空港から　1時間55分　1日2便　ANA・JAL

九州・沖縄から

福岡空港から　2時間15分　1日5便　ANA・JAL・SKY・APJ
那覇空港から　3時間20分　1日1便　APJ

トラベルインフォメーション ● 全国各地から富良野・美瑛・旭川へ

地図内ラベル: 旭川空港／樽港／札幌（丘珠）空港／駅 札幌（新千歳）空港／とかち帯広空港／小牧港／小牧東港／八戸港／わて花巻／仙台港

航空会社 問合せ先

● 全日空（ANA）　☎0570-029-222
● 日本航空（JAL）　☎0570-025-071
● エア・ドゥ（ADO）　☎011-707-1122
● アイベックスエアラインズ（IBX）☎0570-057-489
● フジドリームエアラインズ（FDA）☎0570-55-0489
● スカイマーク（SKY）　☎0570-039-283
● ジェットスター（JJP）　☎0570-550-538
● ピーチ（APJ）　☎0570-001-292
● スプリング（SJO）　☎0570-666-118

便利な 予約サイト

● るるぶトラベル
航空券、スケルトンツアーの手配が可能。
ホテルやレンタカーのみの予約も可能。
https://www.rurubu.travel/

エリア間のアクセスをチェック

札幌や新千歳空港を起点とする場合、富良野・美瑛や旭川へはJRや高速バスが便利。富良野・美瑛エリア内は鉄道やバス便の本数が少ないのでレンタカー(☞p131)でめぐるのがおすすめ。

🚗	…車
🚃	…鉄道
🚌	…バス

🚃 JR特急で移動する

札幌～旭川間は、特急「ライラック」「カムイ」などが合わせて30～60分ごとの運行。**札幌～帯広間**は、特急「おおぞら」「とかち」が合わせて1日11本の運行で、全列車が新千歳空港からの支線が千歳線に合流する南千歳駅に停車するので、飛行機からの乗り継ぎも便利だ。

🚃 JRローカル線を利用する

旭川～富良野間のJR富良野線は、旭川～美瑛間がほぼ1時間ごと、美瑛～富良野間は1～2時間ごとの運行で、すべて普通列車(一部は通過駅あり)。6～8月には土曜・休日を中心に旭川・美瑛～富良野間にトロッコ列車「富良野・美瑛ノロッコ号」が1日3本運行される。

札幌駅⇔旭川駅
- 🚗 道央道(札幌～旭川鷹栖IC)／140km／2時間05分／3380円
- 🚃 JR特急カムイ・ライラック／1時間25分／5220円
- 🚌 高速あさひかわ号(北海道中央バス)／2時間05分／2300円

札幌駅⇔富良野駅
- 🚗 道央道(札幌～三笠IC)・国道452号／115km／2時間10分／1300円
- 🚌 高速ふらの号(北海道中央バス)／2時間37分／2500円

札幌駅⇔新千歳空港
- 🚗 道央道(札幌南～千歳IC)／47km／1時間／910円
- 🚃 JR快速エアポート／38分／1150円
- 🚌 空港連絡バス／1時間10分／1100円

札幌

ワンポイント

旭山動物園へ

旭山動物園へはJR,バスともに各社お得な乗車券を販売。入園券付きなどお得なセットもあるので目的にあわせて購入しよう。

きっぷ名	有効期間	ねだん	特徴
旭山動物園きっぷ(JR) (期間限定販売)	4日	札幌駅から 6740円	札幌駅から旭川駅までの特急(自由席)往復＋旭川駅前～動物園のバス往復と動物園入園利用券がセット。
旭山動物園 往復バスセット券 (北海道中央バス)	3日	札幌から 5100円	札幌発の高速バスあさひかわ号の往復＋旭川駅前～動物園のバス往復＋動物園の入園券がセット。

- ●JR北海道(電話案内センター)☎011-222-7111
- ●北海道中央バス(札幌)☎0570-200-600
- ※ねだんは2022年5月のものです。

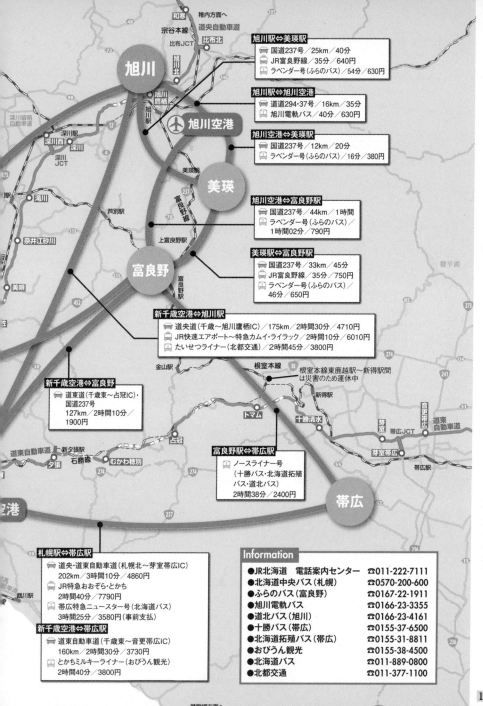

稚内方面へ

和寒
宗谷本線
比布JCT
比布北

道央自動車道

旭川駅⇔美瑛駅
- 🚗 国道237号／25km／40分
- 🚃 JR富良野線／35分／640円
- 🚌 ラベンダー号（ふらのバス）／54分／630円

旭川北
旭川

旭川鷹栖
深川留萌
自動車道
深川駅
深川西　深川
深川
JCT

旭川駅

🛫 旭川空港

旭川駅⇔旭川空港
- 🚗 道道294・37号／16km／35分
- 🚌 旭川電軌バス／40分／630円

美瑛駅

旭川空港⇔美瑛駅
- 🚗 国道237号／12km／20分
- 🚌 ラベンダー号（ふらのバス）／16分／380円

滝川
芦別駅
富良野線

美瑛

旭川空港⇔富良野駅
- 🚗 国道237号／44km／1時間
- 🚌 ラベンダー号（ふらのバス）／1時間02分／790円

奈井江砂川
上富良野駅

美瑛駅⇔富良野駅
- 🚗 国道237号／33km／45分
- 🚃 JR富良野線／35分／750円
- 🚌 ラベンダー号（ふらのバス）／46分／650円

美唄
富良野

富良野駅
富良野線

新千歳空港⇔旭川駅
- 🚗 道央道（千歳～旭川鷹栖IC）／175km／2時間30分／4710円
- 🚃 JR快速エアポート～特急カムイ・ライラック／2時間10分／6010円
- 🚌 たいせつライナー（北都交通）／2時間45分／3800円

金山駅
根室本線

根室本線東鹿越駅～新得駅間は災害のため運休中

新得駅

新千歳空港⇔富良野
- 🚗 道東道（千歳東～占冠IC）・国道237号／127km／2時間10分／1900円

トマム
十勝清水
十勝帯広
音更帯広
帯広JCT
道東自動車道
芽室
芽室帯広

新夕張駅
道東自動車道
夕張
石勝線
むかわ穂別
占冠
帯広駅

富良野駅⇔帯広駅
- 🚌 ノースライナー号（十勝バス・北海道拓殖バス・道北バス）2時間38分／2400円

帯広

札幌駅⇔帯広駅
- 🚗 道央・道東自動車道（札幌北～芽室帯広IC）202km／3時間10分／4860円
- 🚃 JR特急おおぞら・とかち2時間40分／7790円
- 🚌 帯広特急ニュースター号（北海道バス）3時間25分／3580円（事前支払）

新千歳空港⇔帯広駅
- 🚗 道東自動車道（千歳東～音更帯広IC）160km／2時間30分／3730円
- 🚌 とかちミルキーライナー（おびうん観光）2時間40分／3800円

Information

- ●JR北海道　電話案内センター　☎011-222-7111
- ●北海道中央バス（札幌）　☎0570-200-600
- ●ふらのバス（富良野）　☎0167-22-1911
- ●旭川電軌バス（旭川）　☎0166-23-3355
- ●道北バス（旭川）　☎0166-23-4161
- ●十勝バス（帯広）　☎0155-37-6500
- ●北海道拓殖バス（帯広）　☎0155-31-8811
- ●おびうん観光　☎0155-38-4500
- ●北海道バス　☎011-889-0800
- ●北都交通　☎011-377-1100

襟裳岬方面へ

交通ガイド

気ままに旅するならレンタカーでドライブ！

公共交通機関での移動は便利で早いが、時間や本数が限られてしまう。運転ができるなら、富良野・美瑛はドライブで爽快に楽しみたいところ。札幌方面からは運転距離が長いので、慣れない人は旭川から出発を。

空港から各地へのドライブルート

※（　）内は高速道路の普通車通行料金です。

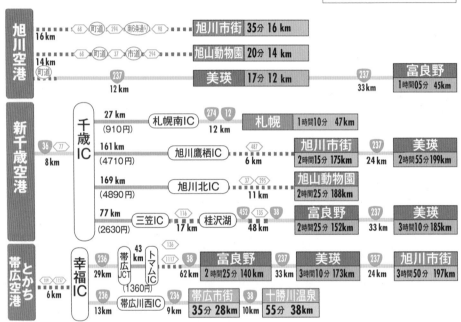

富良野へは桂沢湖経由で

新千歳空港・札幌方面から富良野へ向かう場合、道央道滝川ICから国道38号のルートを考えがちだが、実は遠回り。道央道三笠ICを下り、道道116号で桂沢湖に出て国道452号を北上、道道135号（富芦トンネル）で富良野市北部の島ノ下に抜けよう。札幌〜富良野間の観光バスも利用するルートだ。

無料の道央圏連絡道路を経由する

新千歳空港から富良野、帯広方面へは、千歳ICに向かわずに、道央圏連絡道路（無料）を走り千歳東ICで道東道に乗るルートもおすすめ。富良野方面へは占冠ICで下り、国道237〜38号で約50km。

砂川ハイウェイオアシスで休憩

新千歳空港・札幌方面から旭川へのドライブの途中、休憩するなら砂川SAに直結する砂川ハイウェイオアシスがおすすめ。オアシス館にはレストランがあるほか、道内の有名銘菓も揃っている。道立「子どもの国」も併設され、ファミリーに人気だ。

Information（日本道路交通情報センター）

- 北海道地方・札幌情報　☎050-3369-6601
- 旭川方面情報　☎050-3369-6652
- 釧路方面情報　☎050-3369-6653
- 北海道地方高速情報　☎050-3369-6760

レンタカーでドライブ！🚗

まずは空港のレンタカーカウンターへ

新千歳・旭川・とかち帯広の各空港とも、到着ロビーを出た航空会社の並びにレンタカー会社のカウンターがある。これらの空港は、いずれも空港ビルとレンタカー会社の営業所が離れているので、送迎車での連絡になる。なかでも新千歳空港は、各社の営業所が離れているので、返却の際は搭乗する飛行機の出発時刻まで、時間に十分な余裕をみておこう。

乗り捨てのほうがお得な場合も

新千歳空港と札幌市内など同一エリア扱いなら違う営業所で返しても発生しないが、ちとせ帯広空港で借りて新千歳空港で返却するなど、借りたエリア外の営業所にレンタカーを返すときにチャージされるのが乗り捨て料金。だが、広い北海道では戻る時間や高速料金、ガソリン代などを考えると、別途料金を払ったとしても、乗り捨てたほうがかえってお得な場合もある。

主なレンタカーの予約センター

● トヨタレンタカー ☎0800-7000-111
● ニッポンレンタカー ☎0800-500-0919
● 日産レンタカー ☎0120-00-4123
● オリックスレンタカー ☎0120-30-5543
● タイムズカーレンタル ☎0120-00-5656

富良野・美瑛・旭川の
知っておきたいエトセトラ

旅行前にチェックしたい北海道にまつわる本や映画を集めました。
プランを練るときに役立つ季節のイベント情報や豆知識もご紹介。

観ておきたいドラマ

ドラマのロケ地めぐり(☞P34)でも人気を呼ぶ、富良野を舞台に描かれた倉本聰脚本の3作品をピックアップ。

北の国から1 (2枚組)

1981〜2002年まで放送された倉本聰のドラマシリーズ。富良野の雄大な自然を背景に、黒板五郎と2人の子どもたちがたくましく生きる姿を描いた。全12巻のシリーズ。
©2011フジテレビ
Blu-ray7260円 発売中/発売元:フジテレビジョン/販売元:ポニーキャニオン/2011年/出演:田中邦衛/脚本:倉本聰

優しい時間 (6枚組)

2005年放送。倉本聰が再び富良野を舞台に描いた連続ドラマ。 "父と子の絆の再生"や"優しさ"をテーマに、一軒の喫茶店の物語を紡ぐ。撮影には富良野の珈琲店「森の時計」が実名で使われた。
©2005フジテレビ
DVD2万5080円 発売中/発売元:フジテレビ映像企画部、販売元:ポニーキャニオン/2005年/出演:寺尾聰/脚本:倉本聰

風のガーデン (7枚組)

2008年に放送された富良野3部作の集大成。故郷・富良野とわが子を捨てた男が、ガンに侵され再び故郷の地を踏む。死と向き合う男の姿や家族の絆が美しい庭園を舞台に描かれた。名優・緒形拳の遺作となった作品。
©2009フジテレビ
DVD-BOX2万5080円 発売中/発売元:フジテレビ映像企画部、販売元:ポニーキャニオン/2009年/出演:中井貴一/脚本:倉本聰

読んでおきたい本・コミック

大御所から新進気鋭作家まで、北海道を舞台にした名作・話題作がいっぱい。

あの日にかえりたい

誰もが、「あの日にかえりたい」と切に願ったことがあるはず。自分の「あの日」について考えずにはいられない一冊。旭山動物園が登場する。
実業之日本社文庫/2013年/乾ルカ/628円

氷点 (上・下)

旭川出身の作家・三浦綾子が人間の愛憎を描いた不朽の名作。物語の舞台となった旭川の外国樹種見本林の敷地内には三浦綾子記念文学館がある。
角川書店/三浦綾子/2012年/各704円

ダウンタウン

旭川の小さな喫茶店を舞台に描く青春小説。旭川出身の著者が高校時代に通っていた喫茶店がモデルで、70年代へのオマージュが込められている。
河出書房新社/2012年/小路幸也/748円

羊をめぐる冒険 (上・下)

村上春樹の長編小説3作目。北海道を舞台に謎の「羊」探しが展開する。著者は実際に北海道取材旅行を敢行。札幌の街並みが克明に描写されている。
講談社/2004年/村上春樹/各616円

厭世マニュアル

北海道大学文学部卒の著者のデビュー作。フリーターとしてレンタルビデオショップで働く、"コミュ障"気味の主人公の葛藤と成長を描く。
KADOKAWA/角川書店/2015年/阿川せんり/243円

田村はまだか

注目作家・朝倉かすみの吉川英治文学新人賞受賞作。札幌・ススキノのバーを舞台に、小学生時代の同級生を待ち続ける男女5人の姿を軽妙に描く。
光文社/2010年/朝倉かすみ/628円

向田理髪店

かつて炭鉱があった北海道のとある街で理髪店を営む向田康彦。北の小さな町を舞台にした、可笑しくてしんみり染み入る物語。
光文社/2016年/奥田英朗/2173円

ゴールデンカムイ

金塊をめぐり、さまざまな思惑を持つ勢力が互いを出し抜き冒険とバトルを繰り広げる物語。
集英社/2016年/野田サトル/各巻594円

| 観ておきたい映画 | 祭り・イベント | 気候・服装 |

観ておきたい映画

感動の物語からミステリーまで、映像を通して北国の魅力をたっぷりと楽しみたい。

ぽっぽや

北の果ての小さな終着駅で、不器用なまでにまっすぐに、鉄道員（ぽっぽや）一筋の人生を送ってきた一人の男。ロケ地は南富良野町の幾寅駅。
DVD4980円 発売中／発売元・販売元：東宝ビデオ／1999年／出演：高倉健／監督：降旗康男

©1999『鉄道員』TOHO co., LTD.
All rights reserved.

旭山動物園物語 ～ペンギンが空を飛ぶ～

動物たちの画期的な展示方法が全国的に大人気の旭山動物園。廃園の危機を乗り越え、成功に至るまでの奇跡の物語を描く。動物たちの貴重な映像が満載に。
DVD4180円 発売中／発売元・販売元：角川書店／2009年／出演：西田敏行／監督：マキノ雅彦

©2009『旭山動物園物語』製作委員会

探偵はBARにいる

札幌のミステリー作家・東直己の「ススキノ探偵シリーズ」が原作。冬の札幌や小樽などを舞台に探偵と相棒の活躍を描く。歓楽街ススキノを縦横無尽に駆け抜ける場面は必見。
DVD4180円 発売中／発売元：東映 東映ビデオソフト、販売元：アミューズソフト／2012年／出演：大泉洋／監督：橋本一

©2011『探偵はBARにいる』製作委員会

北の桜守

『北の零年』『北のカナリアたち』に続く北の3部作の最終章。樺太で暮らしていた母とつと、二人の息子に襲いかかる苦難の人生を描いた物語。
DVD5280円 発売中／発売元：テレビ朝日、販売元：東映・東映ビデオ／2018年／出演：吉永小百合／監督：滝田洋二郎

©東映・東映ビデオ

祭り・イベント

大地のめぐみに感謝する祭りや冬の寒さを楽しむイベントなど、開催時期に合わせて旅に出るのもおすすめ。

7月下旬 **層雲峡温泉 渓谷火まつり**

アイヌ民族の伝統的な動物送りの儀式。なかでも村の守護神と呼ばれ、最も格式が高かったとされるシマフクロウを天に送る「フクロウ神事」を再現。(☞P85)
☎01658-2-1811（層雲峡観光協会）場所 層雲峡温泉 渓谷火まつり特設会場

7月下旬 **北海へそ祭り**

お腹に描いた「図腹」が夏の夜を彩り、観る人の笑いを誘う。図腹の美しさ、全体の統一感、手・笠の動かし方、オリジナリティなどが審査され賞が決まる。
☎0167-39-2312（実行委員会）場所 富良野市相生通り特設会場

9月上旬 **ふらのワインぶどう祭り**

ブドウの収穫を祝うお祭り。限定ふらのワインの販売や、ふらの牛乳無料配布など富良野の恵みをたっぷり味わうことができる。
☎0167-39-2312（実行委員会）
場所 富良野駅前公園

1月下旬～3月中旬 **層雲峡温泉氷瀑まつり**

歴史ある北海道の冬まつりの一つ。大小30基ほどのさまざまな氷の造形物が石狩川沿いに並び、夜にはライトアップされ幻想的な氷の王国となる。(☞P87)
☎01658-2-1811（層雲峡観光協会）場所 層雲峡温泉氷瀑まつり特設会場

気候・服装

広い北海道は、同じ時期でも地域によって気候が異なる。重ね着など、温度調整しやすい服装で。

1～2月
1年で最も寒さの厳しい時期。アウターは腰まで隠れるもの、靴は滑り止め付きが安心。

3～4月
4月中旬までは雪がちらつくことも。雪解けでぬかるので、防水仕様の靴がおすすめ。

5～6月
本格的な春到来。梅雨はないが気温変化が激しい時期なので、羽織るものがあると便利。

7～8月
日中は30℃を超えることもあるが、朝夕は意外と肌寒い。薄手のカーディガンなどは必携。

9～10月
それほど厳しい残暑はなく涼しい。山間部が初冠雪を迎える10月以降は厚手のジャケットを。

11～12月
雪が降り始め、気温が0℃を下回る日が増えるが、室内は温かい。アウターで調整しよう。

富良野・美瑛・旭川の気候ワンポイント

寒暖の差が激しい盆地特有の気候。特に冬の寒さは道内屈指。気温がマイナス2桁になることも。

札幌の気候ワンポイント

近年は、夏は東京より暑い猛暑日もあり、日差しを避けるなら地下歩道を利用しよう。冬は大雪のため交通手段が麻痺することも。

トラベルインフォメーション● 富良野・美瑛・旭川の知っておきたいエトセトラ

富良野・美瑛
おでかけMAP

北海道

礼文島　宗谷岬
利尻空港　稚内空港
利尻島　275
オホーツク海
40
焼尻島　239
天売島　オホーツク紋別空港　知床半島　国後島
サロマ湖
能取湖
232　239　女満別空港　色丹島
日本海　石北本線　334　335　水晶島
銀明本線　333　多楽島
P137・付録（裏）旭川～美瑛～富良野　旭川空港　根室中標津空港　歯舞群島
12　240　野付半島
石狩湾　231　452　北海道　242　釧路本線　44　納沙布岬
丘珠空港　石勝線　38　243　272
積丹半島　札樽自動車道　たんちょう釧路空港
5　道東自動車道　尻羽岬
229　新千歳空港　道東自動車道　根室本線
37　237　とかち帯広空港
奥尻島　洞爺湖
奥尻空港　236
5　内浦湾（噴火湾）　付録（表）札幌・富良野・美瑛・十勝
渡島半島　亀田半島　336
襟裳岬　P136 富良野～十勝
函館空港
松前半島　津軽海峡
228　津軽海峡
279　下北半島　太平洋
陸奥湾
青森県　4

オホーツク海

日本海

北海道

0　50km　N

太平洋

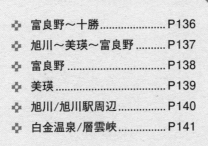

富良野〜十勝

0 　 10km　N

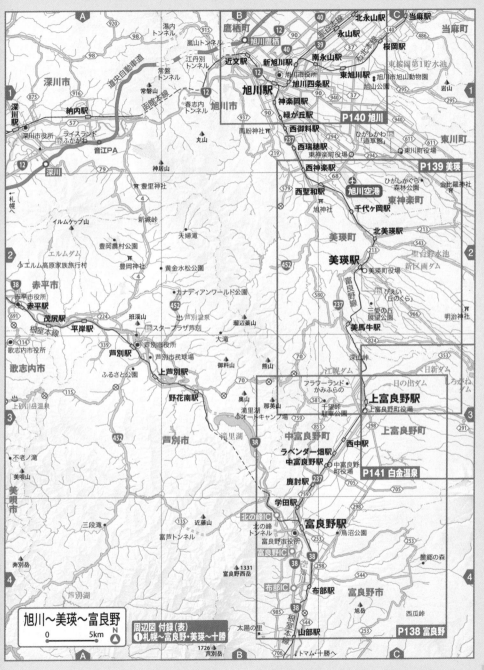

旭川〜美瑛〜富良野

0　　　5km

N

周辺図 付録(表)
❶札幌〜富良野・美瑛〜十勝

P140 旭川
P139 美瑛
P141 白金温泉
P138 富良野

根室本線

富良野市

天然温泉 紫雲の湯
ラビスタ富良野ヒルズ P.63

てっぱん・お好み焼
まさ屋 P.27

furano
bijou P.59

ふらのワイン
工場入口

フラノマルシェ1 P.38

FURANO
NATULUX
HOTEL P.63

富良野駅

くまげら P.27

ぱすすとっぷ P.56

富良野東中

唯我独尊 P.26

フラノ
マルシェ2 P.38

P.58 Haus Von Frau
Kurosawa

富良野署

富良野駅周辺
0 500m

フラワーランドかみふらの P.24

日の出ダム

上富良野西小

千望峠
駐車公園

上富良野駅

日の出公園

上富良野
町役場

後藤純男美術館

上富良野町

西中駅

ポプラファーム中富良野本店 P.56

ファーム富田 P.22・25

ラベンダーイースト P.23

ラベンダー畑駅

カントリーキッチン
シットココ P.29

中富良野
町役場

中富良野駅

なかふらののフラワーパーク P.25

北星山ラベンダー園 P.25

星に手のとどく丘
キャンプ場 P.55

Pension & Restaurant
La Collina P.28

中富良野町

鹿討駅

旭中小

haluCAFÉ P.31

カンパーナ六花亭 P.59

MPGそらち P.54

宇文小

ふらのワイン工場
(富良野市ぶどう果樹研究所) P.37

ハイランド
ふらの P.60

学田駅

ふらのワインハウス P.61

北の峰IC

上図

富良野ネイチャークラブ P.54

富良野駅

フラノ
寶亭留 P.62

富良野
市役所

カフェ・ノラ／野良窯 P.30

鳥沼公園

北の峰
トンネル

Bears Kitchen P.31

菓子工房フラノデリス P.59

レストラン ノルドゥ P.27

ホテルナトゥールヴァルト富良野 P.63

富良野市

八幡丘会館

富良野IC

ふらのアイスミルク工房 P.56

富良野チーズ工房 P.36

新富良野プリンスホテル P.32・62

P.34 五郎の石の家

麓郷の森

cafeゴリョウ P.30

風のガーデン P.33・35

珈琲 森の時計 P.33・35

P.37 ふらのジャム園

布部中

布部IC

富良野スキー場
(ふらの星空探検ツアー) P.55

布部大橋

布部駅

ル・ゴロワ フラノ P.29・33

Soh's BAR P.33

富良野ドラマ館 P.33

筑紫岳

成田山
布部不動堂

旭岳

西瓜峠

富良野
0 2km

周辺図 P137

山部駅

曲沢

A　B　C

東川町

東神楽町南13号・12号南

西神楽駅
西神楽中
西聖和駅
西神楽2線15号
西神楽2線15号
旭川空港
空港入口
ひがしかぐら
森のゆホテル花神楽
森林公園
金比羅神社
東神楽町

富良野線
旭神社
旭川市

P.45 かしわ園公園
P.48 Restaurant bi.ble
千代ヶ岡駅
千代ヶ岡神社
就実の丘 P.77
柏木山
陽明山
坊主山

P.45 セブンスターの木
P.45 シラカバ並木
ケンとメリーの木 P.44

辺別川

坊さん山

パッチワークの路 P.44
ぜるぶの丘・亜斗夢の丘 P.44
P.58 MERLE
パン工房小麦畑 P.60
北美瑛駅
下宇莫別神社
聖台防水池

P.65 スプウン谷のザワザワ村
北西の丘展望公園 P.45
True color of Nature P.45
美瑛町
新区画ダム
石山
青い池入口
美瑛高

マイルドセブンの丘
さじょう牧場
第五山
P.48 フェルム ラ・テール美瑛
花園二
美瑛駅
美瑛中
P.49 あるうのぱいん
美瑛町役場
恵ケ森公園
丸山公園

北山

P.47 新栄の丘展望公園
三愛の丘展望公園 P.47
置杵牛簡易局
南山
菅野牧場
西美創造の杜芸術館
ファームレストラン千代田 P.60
神社山
美沢神社
P.24 かんのファーム
P.47 千代田の丘展望台
ファームズ千代田ふれあい牧場 P.46
地神宮
美馬牛駅
拓真館 P.61
Cafe de La Paix P.49
上富良野町
熊見山
間宮岳
二玉山
P.49 四季彩の丘
新星館
P.65 オーベルジュてふてふ
大正山
妙見山
P.26 食・宿 ウッディ・ライフ
美瑛町自然の家
P.53 歩人
P.61 深山峠アートパーク
P.57 深山アイス工房
深山峠
P.57 美瑛放牧酪農場
江幌ダム
平岳
P.24 フラワーランドかみふらの

周辺図 P137

美瑛
0　　2km
N

上富良野駅
島津公園
上富良野町役場

選果工房 P.51　ファミリーレストラン
選果市場 P.51　だいまる P.61
美瑛小麦工房 P.51　道の駅びえい
RESTAURANT　「丘のくら」
ASPERGES　鉄矢公園 P.60
P.51　ホテルラヴニール
美瑛選果 P.50　香麦食堂 P.61
美瑛駅
Guided Cycling Tours P.53・55
花園二
ホテル・ラヴニール P.65
四季の情報館 P.60
P.60 スイノカゴ喫茶木と星
美瑛駅周辺
0　　300m
美瑛町役場
町立病院
消防本部
富良野線

旭川／白金温泉／層雲峡ＭＡＰ

鷹栖町
当麻町
北永山駅
末広中央公園
永山駅
永山大
井上靖記念館 P.79
旭川大
永山図書館
上野ファーム P.76
桜岡駅
ラーメン専科くさび P.71
旭川市
旭川デザインセンター P.80
男山酒造り資料館 P.79
新旭川駅
南永山駅
あさひかわ
ラーメン村 P.75
東旭川駅
石北本線
旭川駅
旭川四条駅
日ノ出公園
旭川市役所
ニコラス展望タワー P.77
ラーメン三日月 P.75
旭川市旭山動物園 P.70
三浦綾子記念文学館 P.79
壺屋 き花の杜 CAFE 文樂 P.79
神楽岡駅
緑が丘駅
ジュンドックのビジョン館 P.78
旭川ドリームスタジアム
東旭川町旭正
旭川医大
東川町

旭川
0　　1km　N
周辺図 P137

旭川駅周辺
旭川美術館
0　　200m　N
周辺図 上図
旭川東税務署
中央中
アートホテル旭川
NHK旭川放送局
旭川市役所
知新小
旭川市
蜂屋 五条創業店 P.75
旭川赤十字病院
ホテルクレッセント旭川
旭川中央署
OMO7旭川 by 星野リゾート
P.78
ホテルリベルテ旭川
旭川成吉思汗 大黒屋
旭川五丁目店 P.78
唐real病院
くれたけイン
旭川
年金事務所
梅光軒 本店 P.74
大西病院
旭川別院
スマイルホテル旭川
旭川らうめん青葉本店 P.74
函館本線
旭川二条局
コートホテル旭川
旭川三条局
中島病院
イオンモール
旭川駅前
ホテルメイツ旭川
旭川四条駅
旭川観光物産
情報センター P.79
旭川駅
東横イン旭川駅東口
大雪地ビール館 P.78
森林管理局分局
あさひかわ
北彩都ガーデン P.77
ホテルWBFグランデ旭川 P.79
神楽市民交流センター
宗谷本線
高砂酒造 明治酒蔵 P.79
あさひかわ
クリスタルパーク
氷点橋
はらだ病院

140

白金温泉
0 1km N
周辺図 P137
道の駅 びえい「白金ビルケ」P.53
白金 青い池 P.52
美瑛町営白金牧場 P.53
白金野鳥の森
白ひげの滝 P.52
白金温泉
郷森の旅亭びえい P.64
白樺街道
白金温泉
白金温泉
国立大雪青少年
交流の家
美瑛町
白金いこいの森林
望岳台 P.61
吹上温泉
保養センター 白銀荘
P.66
雲の平
吹上温泉
前十勝
2077
十勝岳
三段山
十勝岳温泉
新得町
上富良野岳
富良野岳
1912
三峰山
大正山
井牧山
エバーオンワード
対馬牧場
しろがねダム
白金青い池入口
日新ダム
日の出ダム
上富良野町
富良野線
上富良野駅
日の出公園
上富良野
町役場
後藤純男美術館
966
353
291
298

層雲峡
0 1km N
周辺図 付録(表)
❶札幌〜富良野・美瑛〜十勝
朝陽山
上三層雲峡へ
層雲峡・大雪山
写真ミュージアム P.85
層雲峡温泉氷瀑まつり特設会場 P.87
層雲峡 朝陽亭 P.86
地獄谷
観光案内所
層雲峡
層雲峡温泉
層雲峡局
層雲峡駅
石狩川
層雲峡
39
紅葉谷
ホテル大雪
ONSEN&CANYON
RESORT P.86
層雲峡黒岳の湯 P.85
大雪山層雲峡・
黒岳ロープウェイ P.85
黒岳駅
大雪山黒岳スキー場
双瀑台 P.84
流星の滝
P.84
流星の滝・銀河の滝
駐車場
小函
銀河の滝
P.84
銀河トンネル
上川町
新大函
トンネル
大函
P.85

INDEX さくいん

🛒 観光みどころ　🎵 プレイスポット　🍴 レストラン・食事処　🍵 カフェ・喫茶　🍷 居酒屋・BAR　🛒 みやげ店・ショップ　🏨 宿泊施設　♨ 立ち寄り湯

ココミル
cocomiru

富良野 美瑛
札幌
旭山動物園
北海道③

すてきな旅を
楽しんでね♪

2022年6月15日初版印刷
2022年7月1日初版発行

編集人：田村知子
発行人：盛崎宏行
発行所：JTBパブリッシング
〒162-8446　東京都新宿区払方町25-5
https://jtbpublishing.co.jp/
編集：03-6888-7860
販売：03-6888-7893
編集・制作：情報メディア編集部
組版：佐川印刷
印刷所：佐川印刷
取材・編集：豊田柾
えんれいしゃ／宮本和加子／佐々木理恵／深江園子／八幡智子／小川浩之

表紙デザイン、アートディレクション：APRIL FOOL Inc.
本文デザイン：APRIL FOOL Inc.／カルチャーランド（斉藤美歩／安井美穂子）／和泉真帆
撮影・写真協力：渡辺肇之／西村光司／PIXTA
地図：ゼンリン／ジェイ・マップ
イラスト：平澤まりこ

※本誌掲載の地図は以下を使用しています。
測量法に基づく国土地理院長承認（使用）R 2JHs 293-975号
測量法に基づく国土地理院長承認（使用）R 2JHs 294-450号

本書掲載のデータは2022年4月末日現在のものです。発行後に、料金、営業時間、定休日、メニュー等の営業内容が変更になることや、臨時休業等で利用できない場合があります。また、各種データを含めた掲載内容の正確性には万全を期しておりますが、おでかけの際には電話等で事前に確認・予約されることをお勧めいたします。なお、本書に掲載された内容による損害賠償等は、弊社では保障いたしかねますので、予めご了承くださいますようお願いいたします。

本書掲載の商品は一例です。売り切れや変更の場合もありますので、ご了承ください。

本書掲載の料金は消費税込みの料金ですが、変更されることがありますので、ご利用の際はご注意ください。
入園料などは特記のないものは大人料金です。
定休日は、原則として年末年始・お盆休み・ゴールデンウィーク・臨時休業を省略しています。
本書掲載の利用時間は、特記以外原則として開店（館）～閉店（館）です。オーダーストップや入店（館）時間は通常閉店（館）時刻の30分～1時間前ですのでご注意ください。
本書掲載の交通表記における所要時間はあくまでも目安ですのでご注意ください。

本書掲載の宿泊料金は、原則としてシングル・ツインは1室あたりの室料です。1泊2食、1泊朝食、素泊に関しては、1室2名で宿泊した場合の1名料金です。料金は取材時点での消費税率をもとに諸税、サービス料込みで掲載しています。宿泊税は含まれません。季節や人数によって変動しますので、お気をつけください。

本書掲載の温泉の泉質・効能は源泉のもので、個別の浴槽のものではありません。各施設からの回答をもとに原稿を作成しています。

本書の取材・執筆にあたり、ご協力いただきました関係各位に厚くお礼申し上げます。

おでかけ情報満載　https://rurubu.jp/andmore/

223204　280380
ISBN978-4-533-14982-5 C2026
©JTB Publishing 2022